Bernd Staudte

Die Globalisierung der Welt

Ursache und Dimension

GRIN - Verlag für akademische Texte

Der GRIN Verlag mit Sitz in München und Ravensburg hat sich seit der Gründung im Jahr 1998 auf die Veröffentlichung akademischer Texte spezialisiert.

Die Verlagswebseite http://www.grin.com/ ist für Studenten, Hochschullehrer und andere Akademiker die ideale Plattform, ihre Fachaufsätze und Studien-, Seminar-, Diplom- oder Doktorarbeiten einem breiten Publikum zu präsentieren.

Dokument Nr. V93749 aus dem GRIN Verlagsprogramm

Bernd Staudte

Die Globalisierung der Welt

Ursache und Dimension

GRIN Verlag

Bibliografische Information Der Deutschen Bibliothek: Die Deutsche
Bibliothek verzeichnet diese Publikation in der Deutschen Nationalbibliogra-
fie; detaillierte bibliografische Daten sind im Internet über http://dnb.ddb.de/
abrufbar.

1. Auflage 2008
Copyright © 2008 GRIN Verlag
http://www.grin.com/
Druck und Bindung: Books on Demand GmbH, Norderstedt Germany
ISBN 978-3-638-95136-4

Die Globalisierung der Welt
Ursache und Dimension

Bernd Staudte
2008

Inhaltsverzeichnis

Vorwort

Europa und die Länder der Erde stehen in Dritten Jahrtausend vor gewaltigen Herausforderungen. Nicht nur der ungezügelte Ressourcenverbrauch der letzten 50 Jahre beginnt sich durch die globale Klimaerwärmung, mit seinen bisher nicht gekannten Umweltproblemen, unangenehm und gefährlich bemerkbar zu machen. Insbesondere die Gesellschaften der „technisch fortgeschrittenen" Länder, als Verursacher der sich anbahnenden ökologischen Katastrophe suchen fieberhaft nach Mitteln und Methoden die von ihnen indizierte Entwicklung aufzuhalten oder zu mindern. Eine dieser Methoden nennt man Globalisierung. Vor zweihundert Jahren herrschte in Europa die Kleinstaaterei, von der auch Deutschland in seinen damaligen Grenzen, zumindest was die wirtschaftliche Seite anbelangte, betroffen war. Verschiedene Währungen, unterschiedliche Zölle und verschiedene Rechtsprechungen erschwerten die Entwicklung und den Austausch von Gütern. Der Reichspräsident von Bismarck beendete die Kleinstaaterei in Deutschland und schweißte wieder zusammen, was seit dem Kaiser Friedrich II. Barbarossa in Auflösung befindlich war. Die Situation des Europa von heute ist letztlich das Ergebnis des zweiten Weltkrieges. Die Siegermächte integrierten Deutschland zunächst in vier Teilzonen mit verschiedenen Besatzungsmächten und ab 1990 übernahmen im Prinzip die Amerikaner, die Franzosen und die Engländer auch noch den von den Russen verlassenen Osten. Genau in dieser Zeit beginnt der Gedanke der Globalisierung in seine Verwirklichungsphase zu treten. Die Pläne für ein vereintes Europa lagen bereits seit den achtziger Jahren in den Schubladen. Und so kam zusammen, was nicht unmittelbar zusammen gehören muss. Dennoch, dass Hauptproblem, eine gerechtere Verteilung der Ressourcen in der Welt wurde bisher nicht erreicht. Im Gegenteil die Schere der Verteilung öffnet sich zum Nachteil der Weltbevölkerung immer weiter. Aus dem, noch von breiten Volksmassen akzeptiertem Sozialkapitalismus, entstand unter dem Druck des Finanzkapitals, der jegliche humanistische Rücksichtnahme hinweg fegende Turbokapitalismus. Die jahrzehntlang ungebremst anhaltende Entwicklung des technischen Fortschritts bescherte der Menschheit ungeahnte technische Hilfsmittel, die sich in den Händen von nur wenigen befinden. Seit Anfang 1990 gelangten die überseeischen, aber auch die europäischen Wirtschaftskonzerne in Absatzschwierigkeiten. Die Sättigung an den technischen Segnungen war unabsehbar und der Kampf um Marktanteile zwingt die Finanzgewaltigen zu Kompromissen. Die Strategie heißt: teile und herrsche. Allerdings entspringt diese Strategie nicht dem Wesen der Globalisten, sondern mehr der Notwendigkeit, die nichtbesitzenden besser zu beherrschen. Und dies allein ist der Grund für die weltweite Globalisierung. Globalisierung bedeutet: sehr viel Macht in wenigen Händen, und selten werden diese Hände auch von einem entwickelten Verstand gelenkt. 14.000 Kriege in 5.000 Jahren, wobei die Opferzahlen achtstellige Größenordnungen erreichen führen uns vor Augen, dass technisches Wissen und entwickelter Verstand diametral auseinander driften. Daher kommt den Unternehmen und deren sogenannten „Unternehmenskultur", also der dahinter stehenden Philosophie eine steigende Bedeutung zu. „Sage mir mit wem du gehst (fusionierst) und ich sage dir wer du bist." Die Schaffung und Entwicklung neuer Technologien geht fast nie mit vorteilhaften sozial-politischen oder ökologisch-kulturellen Konsequenzen für die wirklichen Schöpfer dieser Segnungen einher. Es ist daher ein plausibler Gedanke, bei jeder Erfindung die Konsequenzen für die sozial Schwachen und die Tier -und Pflanzenreiche durch analytische Untersuchungen abzuschätzen. Das der „Markt" solche Dinge regelt, ist der Verlegenheitsausdruck der Unkenntnis. Unabweisbare Tatsache jedoch ist es, dass es bei den Bestrebungen zur Schaffung einer globalen Wirt-

4

schaftsmacht um Zentralisierung und Deregulierung geht, praktisch um die „Narrenfreiheit" privater Herrschaftsapparate, die wir Unternehmen nennen. Diese Machtentfaltung schafft sich einen absurden Wirtschaftskreislauf, der eine zivilisatorische Monokultur im Gefolge nachzieht, welche parallel zum Wachstum von Armut und rücksichtsloser Zerstörung der Natur einhergeht. Die sogenannten „Grundwerte" eines Volkes, welche die Politiker zwar ständig im Munde führen, aber niemals darlegen was das Volk darunter zu verstehen hat, werden quasi ad absurdum geführt. Wirkliche Werte, wie Ehrlichkeit, Sittlichkeit, Enthaltsamkeit, Sparsamkeit, Barmherzigkeit usw. sollten von den Regierungen dem Volk vorgelebt werden. Nur dann kann von Grundwerten einer Gesellschaft gesprochen werden. Hier wird die Globalisierung einen weiteren Beitrag zu chaotischen Verhältnissen leisten, indem niemand mehr verantwortlich ist, aber jeder schuldig wird. Im Prinzip gibt es in solchen Gesellschaften nur noch zwei Arten von Menschen: Betrogene und Betrüger. Die Unternehmen der Zukunft erfüllen de facto nur noch lebensfeindliche Funktionen, auf deren Erfüllung ihre Führungsmitglieder ausgerichtet sind. Somit bezweckt die Globalisierung eine rücksichtslose Profitmaximierung die es darauf anlegt das menschliche Leben zu manipulieren, zu quantifizieren und zu verwerten. Das Resultat ist eine übertriebene Förderung eines materialistischen und verbrauchsintensiven Lebensstils mit einer heuchlerischen Werbung, die jeder kulturellen, spirituellen und ökologischen Vielfalt feindlich gegenübersteht. In den Medien hat dieser Trend der Dauermanipulation in seiner Maßlosigkeit an Übertreibung bereits aus simplen Bürgern Mega- und Superstars produziert. Das Feld der Globalisierung ist das Feld der Eitelkeiten, worauf sowohl die Vernunft, als auch die Ehrfurcht vor der Schöpfung und dem Schöpfer keinen Platz mehr haben. Die Konzentration von Macht und die Deregulierung treiben die Verschwendung an menschlicher Arbeitsenergie und natürlichen Ressourcen in einem nie erlebten Maße in die Höhe. Ein Beispiel von ungezählten ist der Transportwahnsinn. Hier werden zugunsten des Profites Bäume aus Indonesien nach Japan transportiert und dort daraus Zahnstocher hergestellt, diese werden dann in die USA verkauft und in den USA werden für Japan Essstäbchen produziert und nach Japan importiert. Ebenso ist die Ausgestaltung von Arbeitsverhältnissen von einem unglaublichen Schwachsinn und Verschwendungssucht gekennzeichnet. Menschen fahren über einhundert Kilometer täglich mit dem eigenen Kraftfahrzeug oder den öffentlichen Verkehrsmitteln auf Arbeit in die Stadt A, zum Beispiel für einen Job in einer Markthalle bei ALDI. Im Gegenzug sitzen Personen, die den gleichen Job bei NORMA in der Stadt B ausüben, wo A herkommt. An allen diesen Beispielen erkennt man, dass solche Verwaltungsformen, die sich aus gewählten Zwei-Vierjahrespolitikern rekrutieren, sich auch die Diskontinuität bis in die letzten Bereiche des menschlichen Lebens fortsetzt. Die Globalisierung bewirkt genau das Gegenteil dessen, was notwendig wäre, nämlich viel Verantwortung auf wenige Schultern, statt keine Verantwortung auf alle zu verlagern. Der Grund, warum dies so gemacht wird, nennt sich Subvention. Subvention ist in weiten Teilen der Wirtschaft nur noch das Verschwenden von Steuereinnahmen der Bürger, um Großunternehmen und Banken die Gewinne zu sichern. Die Globalisierung ist, so wie diese praktiziert und verstanden wird, lediglich die Integration von vielen unsinnigen Handlungsweisen, die zu einem großen Schwachsinn zusammen gelegt werden. Und dies zum Nachteil aller Völker und deren Bevölkerungen, aber auch zum Nachteil unserer Natur, von der wir abhängig sind. Die vorliegende Arbeit hat sich daher als eine wichtige Zielsetzung die Aufgabe gestellt, der Globalisierung den „globalen Überblick" über die Kausalität von Ursache und Wirkung entgegen zu stellen. In diesem Blickfeld kommt den Unternehmen, als Motore der Wirtschaft und des Lebens mehr Bedeutung zu, als die Bürokraten der Europäischen Union oder anderer Einrichtungen diesen zugestehen möchten. Vielfalt in kultureller Hinsicht schließt Monotonie im Denken aus. Und da die denkenden und arbeitenden Menschen die Ausführenden aller Handlungen in der Kette der Wertschöpfungen sind, müssen völlig neue Leitlinien und Denkweisen der Flickschusterei entgegengesetzt werden, die diesem Anspruch auch wirklich gerecht werden.

Das Wesen der Globalisierung

Der Begriff Globalisierung findet sich heute geradezu inflationär in den Äußerungen von Politikern, Wirtschafts- und Medienvertretern. Was aber bedeutet Globalisierung? Der Begriff selbst ist neutral: Er bezeichnet, globales Zusammenwachsen, Vernetzung, Verflechtung. [1] Globalisierung ist ein Schlagwort, mit dem völlig unterschiedliche Vorstellungen verbunden sind. „Der Begriff Globalisierung weist auf komplexe Änderungen in einer zunehmend offenen Welt hin, die sich aufgrund vielschichtiger Verflechtungen auf wirtschaftliche, politische und soziale Bereiche des gesellschaftlichen Lebens auswirken. Die mit diesen Prozessen entstehenden neuen Chancen und Risiken für Länder, Gruppen, Institutionen oder Individuen werden je nach Standpunkt kontrovers diskutiert." [2] Kann man diesen Begriff klar definieren und auf einen für alle verbindlichen Nenner bringen? Im Brockhaus findet sich folgende Definition: „Globalisierung, schlagwortartig benutzte Bezeichnung für die weltweite Durchdringung von Märkten, bewirkt durch die wachsende Bedeutung der internationalen Finanzmärkte, den Welthandel und die intensive internationale Ausrichtung von (multinationalen) Unternehmen (global players) und begünstigt durch neue Telekommunikationstechniken sowie

---

[1] vgl. Chang, Ha-Joon: Kicking away the Ladder: Development Strategy in historical Perspective, Anthom Press, London 2002
[2] vgl. Tänzer, Uwe u. a.: Unternehmen in Globalisierungsprozess, Ernst Klett, Leipzig 2005, S. 7

durch Finanzinnovationen. Diskutiert wird unter anderem, inwieweit die Einflussmöglichkeit einer nationalen (Wirtschafts-) Politik durch die Globalisierung eingeschränkt wird und welche Beschäftigungseffekte daraus erwachsen." [3] Da es eine Vielzahl von unscharfen Definitionen über den Begriff der Globalisierung gibt, soll hier noch eine weitere beispielhaft angeführt werden. „Hier wird darunter zum einen eine Tendenz zu einer stärkeren Integration der internationalen Gütermärkte verstanden, d.h. die Offenheit der betrachteten Volkswirtschaften nimmt zu. Gemessen werden kann diese Tendenz anhand des Offenheitsgrades einer Volkswirtschaft." [4] Hierunter versteht man die Relation der Summe aus Ex- und Importen zum gesamten Inlandsprodukt. Zum anderen impliziert Globalisierung aber auch eine zunehmende Verflechtung der Finanzmärkte. Dies kommt etwa im starken Anstieg der (Brutto-) Kapitalströme in Relation zum Bruttoinlandsprodukt zum Ausdruck. Diese Reduzierung des Globalisierungsbegriffes auf rein wirtschaftliche Aspekte ist weit verbreitet. Doch die Globalisierung hat auch andere Facetten. Dies ergibt sich teils aus den wirtschaftlichen Veränderungen, die gesellschaftlichen und politischen Wechsel nach sich ziehen und teils aus den technischen Möglichkeiten moderner Verkehrs-und Kommunikationstechnologien. Dazu kommen globale ökologische Probleme, die auf lokaler oder nationalstaatlicher Ebene kaum zu lösen sind. Die Befürworter der Globalisierung werben mit dem Argument, durch die Überwindung nationaler Grenzen würden sich die wirtschaftlichen Möglichkeiten ungeahnt entfalten. Globalisierung aus dem Blickwinkel der Kritiker wird als Bedrohung gesehen, da sie im Zeitablauf zu verschärftem Wettbewerb und internationaler Standortkonkurrenz und damit zum Verlust von Arbeitsmöglichkeiten in den Hochpreis-Industrieländern führt. Für das einzelne Indivi-

---

[3] vgl. Brockhaus Verlag, Leipzig-Mannheim 1997
[4] vgl. ohne Verfasser, ohne Titel, in: Wirtschaftsdienst, Januar 2004, S. 59

duum kann dies eine Herauslösung aus den sozialen Sicherungssystemen und den ständigen Zwang zur Mobilität, Flexibilität und Risikobereitschaft bedeuten. Oder anders ausgedrückt: Globalisierung fordert den flexiblen Menschen, der sein festes Lebensgefüge verliert, da Standardisierung und Sicherheit durch Individualisierung und Unsicherheit abgelöst werden.

Der historische Hintergrund

Wenn man Globalisierung als Weltdimension begreift, so hat diese Weltdimension einen positiven Aspekt, nämlich die Menschen trennende Strukturen zu überwinden. In der Wirtschaftswissenschaft geht man von festen Stufen der Wirtschaftsentwicklung aus, die von den Kommunikationsstrukturen und den Bewegungsmöglichkeiten in Raum und Zeit abhängen. Insofern haben sich die Wirtschaftsstufen folgendermaßen entwickelt.

→ Hauswirtschaft (Agrarstruktur, Hofleben),

→ Stadtwirtschaft (Schutz in Mauern, Arbeitsteilung zwischen Landwirtschaft und Handwerk, Verwaltung),

→ Regionalwirtschaft (Wege, Infrastruktur, Verteilung von Gütern etc.),

→ nationale Volkswirtschaft (Verbesserte Verkehrsmöglichkeiten, erweiterte technische Kommunikation, staatliche Verwaltung, Steuern),

→ supranationale Wirtschaftsräume (übernationale Institutionen, hochentwickelte Telekommunikation),

→ Weltwirtschaft (Freihandel, rasche gesellschaftliche wirtschaftliche, technologische, politische, kulturelle Veränderung).

Neben der wirtschaftlichen Entwicklung hat die Globalisierung auch einen starken Bezug zum Freiheitsgedanken. Die Reformation hat den Menschen von der Vormundschaft der katholischen Kirche befreit. Er

9

übernimmt vor Gott selbst die Verantwortung für sein Leben. Eine asketische Arbeitsauffassung und das Gewinnstreben werden zu Triebfedern des menschlichen Lebens. "Nicht freilich für Zwecke der Fleischlust und der Sünde, wohl aber für Gott dürft Ihr arbeiten, um reich zu werden" (Theologische Freiheit) [5]. Das bedeutete aber auch Freiheit für andere. Durch die Religionskriege wurden auch die Bauern aus der Leibeigenschaft befreit. Philosophisch wurde diese Selbstverantwortung von Kant (1724-1804) begründet. "Handle so, dass die Maxime Deines Handelns Grundlage für ein allgemeines Gesetz werden könnten (kategorischer Imperativ)." [6] Damit wurde der Mensch auch ethisch eigenständig (Philosophische Freiheit). Auf diese eher privat einzuschätzenden Freiheiten folgte die politische Befreiung durch die amerikanische Unabhängigkeitserklärung und die Maximen der französischen Revolution "Freiheit, Gleichheit, Brüderlichkeit. Die Herrscher verloren als Folge der Aufklärung ihre Legitimation. Das Volk wollte selbst die politische Verantwortung übernehmen, sich selbstbestimmend und in den Grenzen von Nationalstaaten souverän sein. (Politische Freiheit) Im letzten Drittel des 19. Jahrhunderts wurde die Idee des Nationalstaates im Zeitablauf von übernationalen Denkweisen abgelöst. Der Liberalismus sieht alle Beschränkungen durch Grenzen, nationale Werte, Zölle und andere Handelshemmnisse als suboptimal an und fordert weltweite Freiheit für die Produktionsfaktoren Arbeit, Kapital, Unternehmertum sowie Gleichberechtigung aller Individuen. (Wirtschaftliche Freiheit). Im 19. Jahrhundert begann deshalb auch die Emanzipationsbewegung zur rechtlichen Gleichstellung der Frau. (Freiheit und Gleichheit im Rechtswesen). Der Sozialismus sollte die arbeitende Bevölkerung von der Herrschaft des Kapitals befreien. Unglücklicherweise wurde dabei eine Veränderung

---

[5] vgl. Weber, Max: Die protestantische Ethik. Eine Aufsatzsammlung, Mohn, Gütersloh 1991, S.167ff.

[6] vgl. Geier, Manfred: Kants Welt, 6. Auflage, Rowohlt, Reinbeck 2004, S. 252 ff.

der menschlichen Natur vom Eigennutzen zum Gemeinwohl angestrebt, was sich nur im Rahmen von Diktaturen verwirklichen ließ, die zwar national realisiert werden mussten, aber über die "sozialistische Internationale" weltweite Verbreitung finden sollten. (Soziale Freiheit)Jahrzehnte lang wurde die zweite Hälfte des 20. Jahrhunderts durch den "kalten Krieg" zwischen diesen beiden Ideologien geprägt. In den achtziger Jahren des vergangenen Jahrhunderts brachen die sozialistischen Diktaturen zum größten Teil auf Grund von Kapitalmangel und dem Freiheitsstreben der betroffenen Menschen zusammen. Die Vorherrschaft der liberal- demokratischen Idee einer "einzigen internationalen Welt" war nicht mehr aufzuhalten. (Internationale Freiheit) Der freie Handel zwischen Volkswirtschaften wurde schon in der Antike praktiziert. Mit Luxusgütern wie Gold, Silber, Edelsteinen, Stoffen, Gewürzen wurde damals lebhafter Handel betrieben. In der europäischen Frühzeit und im Mittelalter kam infolge der unausgebildeten Geldsysteme der freie Handel zum Erliegen. Die absoluten Herrscher im 17. und 18. Jahrhundert förderten mit dem Merkantilismus als herrschende wirtschaftspolitische Lehre mit Hilfe dirigistischer Maßnahmen und staatlicher Interventionen den Wohlstand im eigenen Land. Im 19. Jahrhundert kam durch die Neuordnung Europas nach dem Wiener Kongress sowie durch die Ablösung der merkantilen Wirtschaftspolitik durch den Liberalismus, der für Arbeitsteilung und Freihandel eintrat, der freie Handel in Schwung. Der Wirtschaftsraum der damaligen Zeit beschränkte sich allerdings auf ein Viertel der damaligen Weltbevölkerung. Das waren Europa und seine Kolonien in den übrigen Erdteilen. Durch die beiden Weltkriege und die Weltwirtschaftskrise der dreißiger Jahre kam der Globalisierungsprozess ins Stocken. Gegen Kriegsende (1944) wurden die Grundlagen für eine freie Handelspolitik mit der Gründung des Internationalen Währungsfonds und der Weltbank gelegt. 1948 wurde mit den General Agreement on Tarifs and Trade (GATT) weitere Handelsbarrieren abgebaut. In Europa wurde in mehreren Schritten die Europäische Wirtschaftsunion geschaffen, die heute auch zu einer politischen Union zusammenwachsen soll. 1995 wurde das GATT durch die World Trade Organisation (WTO) ersetzt, deren Arbeit zur Zeit auf Grund der Fundamentalisierung der Religionen, Kulturen und Nationen zum Stillstand gekommen ist. Der Prozess der weltweiten Verflechtung scheint allerdings unumkehrbar. Das Volumen des Warenhandels ist global etwa dreimal so schnell gewachsen wie die Weltwarenproduktion.

Die wirtschaftliche Entwicklung

Es sind vor allem drei Faktoren, die der „neuen industriellen Revolution", wie die Globalisierung von einigen Ökonomen und Politologen genannt wird, Bahn gebrochen haben. Der erste Faktor ist der zunehmende Abbau von internationalen Handelsschranken vor allem nach dem Fall des eisernen Vorhangs 1989. Dieser hat an Gewicht in den letzten Jahren durch die Öffnung des asiatischen Raums zugenommen. Der zweite Bestimmungsgrund ist durch den technologischen Fortschritt begründet. Die Entwicklungen der letzten Jahrzehnte im Bereich der Mikroelektronik und Telekommunikation sind atemberaubend. Durch die Erfindung von PCs, Telefax, Glasfaserkabel, Satelliten, hochauflösende Monitoren und Modems zur Datenübertragung können Firmengeflechte gesteuert werden. [7]

Die maßgebliche Ursache liegt in den verkürzten Kommunikationswegen begründet. [8] Globalisierung umfasst eine Vielzahl miteinander verwobe-

---

[7] Vgl. Weltkommission für die soziale Dimension der Globalisierung (ILO) (Hrsg.): Eine faire Globalisierung, Chancen für alle schaffen, Genf 2003.

[8] Vgl. Stückelberger, Christoph: Ethischer Welthandel, eine Übersicht, Paul Haupt Verlag, Bern-

ner grenzüberschreitender Kommunikationsprozesse, die technisch möglich geworden sind und politisch von den Metropolen der Prosperitätszonen gewollt wurden und werden. Dazu gehören unter anderem eine zunehmende transnationale Bewegung von Kapital, Gütern und Menschen, eine engere Vernetzung mittels neuer Kommunikationstechnologien (z. B. durch Internet, Mobiltelefone, E-Mail und Mediennetzwerke), eine komplexe internationale Arbeitsteilung durch die Verlegung der Produktion von Waren und Dienstleistungen an verschiedene Orte, ein stetiger Fluss von Ideen, Bildern und Konsummustern und Objekten sowie ein sensibles Bewusstsein für die Risiken und Gefahren, welche die Welt als Ganzes bedrohen, ein quantitativer Anstieg und Bedeutungszuwachs transnationaler Institutionen sowie global vernetzter politischer Bewegungen. Es geht somit um die wechselseitige, horizontale wie vertikale Durchdringung dieser Prozesse, und zwar auf nationaler, subnationaler und transnationaler Ebene. [9]

Betrachtet man den Globalisierungsprozess als Gesamtheit, zeigt sich, dass nicht nur einzelne Lebensbereiche betroffen sind, sondern dass diese Entwicklung sämtliche Aspekte der Gesellschaft tangiert und auch das Individuum als solches in neue Dimensionen des Daseins katapultiert. Der US-amerikanische Soziologe Roland Robertson, (der den Begriff Globalisierung populär gemacht hat) hat Globalisierung als einen geschichtsmächtigen, von Europa ausgehenden Transformationsprozess definiert, der mit der Krise des mittelalterlichen Feudalismus begann. Dabei unterscheidet er vier Hauptbestandteile oder Bezugspunkte der Konzeption von Globalität, mit denen es möglich sei, Globalität zu erkennen und ihren Sinn zu deuten. Gleichzeitig repräsentieren diese auch

---

Stuttgart-Wien, 2001, S. 198

[9] Vgl. Mankiw, N.: Grundzüge der Volkswirtschaftslehre, 15. Auflage, Wien 1998, S. 138 ff.

13

die Form, in der sich der Jahrhunderte lange Globalisierungsprozess vollzogen hat. Auf der Erde leben zur Zeit mindestens 100 Millionen Menschen als Migranten und Flüchtlinge in einem anderen als ihrem Herkunftsland. Das gilt ohne die Ex-Sowjetunion und ohne Ex-Jugoslawien. Hinzu kommen noch die illegalen Migranten, deren Anzahl sich sehr viel schlechter abschätzen lässt. Es wird vermutet, dass es sich um etwa 300 Millionen Menschen handelt. Gemessen an der Weltbevölkerung liegen diese Zahlen sehr niedrig, (etwa 2%). Andererseits handelt es sich um eine Bevölkerungsanzahl von der Größe Deutschlands und Frankreichs zusammen. Diese Migranten überweisen jährlich etwa eine Summe von 67 Millionen Dollar in ihre Herkunftsländer. Diese Überweisungssummen liegen nach dem Handel mit Erdöl, nach Angaben der Welthandelsstatistik, auf dem zweiten Platz. Einen statistischen Überblick gibt eine ILO-Publikation. Sie führt 98 Länder auf, von denen 24 sowohl Entsende- als auch Aufnahmeländer sind, 31 sind ausschließlich Entsendeländer und 43 ausschließlich Aufnahmeländer. Das ist ein wesentlicher Aspekt der Globalisierung, denn dieser Prozess der Völkerwanderung umfasst den gesamten Erdball. In Deutschland geht man von ca. 25 Millionen Migranten aus, die hier bereits ansässig sind und teilweise eingedeutscht wurden. Dabei sind es neben geografisch bedingten Strukturen auch die unterschiedlichen Rechtsvorschriften, die für die Komplexität der Migrationsprozesse mitverantwortlich sind. Der größte Anteil der Wanderbewegungen erfolgt von Süd nach Nord, die Alternative dazu ist die Ost-West-Einwanderung. Es ist offensichtlich, dass solche Prozesse, die es immer in der Geschichte der Menschheit gab, einen Basisfaktor der Globalisierung ausmachen. Neu mag die Quantität der Bewegungen erscheinen. Den Hauptanteil der Migranten machen Arbeitsmigranten aus Afrika, Asien und Lateinamerika aus, wobei interessant ist, dass es sich um etwa 50 % Frauen handelt, die in den Gast-

ländern in den Dienstleistungsbereichen Reinigungsservice, Kranken-
pflege, Haushalt tätig sind, aber auch Prostitution betreiben. [10] Auch die
Heiratsmigration umfasst einen großen Anteil. Obwohl gerade diese
Frauen häufig diskriminiert werden, ist ihr Leben außerhalb ihrer Heimatländer qualitativ oft wesentlich besser. Insgesamt gesehen ist diese
Problematik, nämlich die der totalen Verschiebung und Vermischung aller Kulturen ein wichtiger auslösender Faktor der Globalisierung, welcher
häufig vergessen wird. [11]

Die globale Vernetzung

Ein weiterer wesentlicher Faktor des Globalisierungsgeschehens liegt in
der weltweiten Vernetzung von Informationsströmen. Die heute beste-
henden Möglichkeiten über die Vernetzung von Datenströmen durch das
World Wide Web sind nahezu unbegrenzt, aber extrem störanfällig.
Durch einen einzigen Datencrash, gleichgültig, ob dieser aus einer Über-
lastung oder durch Hackerangriffe entsteht, ist es möglich, das beste-
hende Wirtschafts- und Finanzgeflecht weltweit erheblich zu beschädi-
gen. Obwohl im allgemeinen mit Globalisierung die wirtschaftlichen Ge-
sichtspunkte und Wirkungen verbunden werden, sind diese dem gesellschaftlichen Wandel nachgeordnet. Die Londoner Forschungsgruppe um

David Held fasst diesen Prozess folgendermaßen zusammen:
„Das Machtgeflecht besteht zur Hauptsache aus Netzwerken der Bereiche Rohstoffe, Finanzindustrie und Medien, die untereinander fein ver-

---

[10] Vgl. Strauhaar, Thomas: Globalisierung und nationale Arbeitsmärkte, in: Krömmelbein, Silvia,
   Schmid, Alfons (Hrsg.): Globalisierung, Vernetzung und Erwerbsarbeit, München 2000, S. 23 ff.

[11] Vgl. Potts, Lydia: Weltmarkt für Arbeitskraft, Globalisierung und Tendenzen der Migrationspolitik,
   S. 301-302; http://www.bis.uni-oldenburg.de/ bisverlag/lemwid96/kapii-7.pdf

flochten sind. Nach Jahren intensiver Recherchen offenbart sich eine Dominanz der Hochfinanz, die teilweise auch die Politik vereinnahmt". [12]

„Wir betrachten Globalisierung als einen historischen Prozess, in dessen Verlauf die Netzwerke und Systeme gesellschaftlicher Beziehungen sich räumlich ausdehnen und die menschlichen Verhaltensweisen, Aktivitäten sowie die Ausübung gesellschaftlicher Machttranskontinentalen (oder interregionalen) Charakter annehmen." [13]

Die Ressourcenverknappung

„Gegenwärtig verbraucht die Welt mehr Ressourcen, als die Natur regenerieren kann. Berechnungen haben ergeben, dass seit Mitte der 70er Jahre die Kapazitäten der Biosphäre durch menschliches Handeln überschritten wurden. 1997 belief sich die Überbelastung auf 30 Prozent mehr, als die Erde verkraften kann, oder gar 40-50 Prozent, wenn man die Bedürfnisse anderer Lebewesen mitberücksichtigt. Ein großer Teil der Überforderung der Biosphäre hängt mit dem übermäßigen Verbrauch von fossilen Brennstoffen zusammen. Obwohl heute nur eine Minderheit der Weltbevölkerung die Früchte des wirtschaftlichen Fortschritts genießt, hat die Biosphäre bereits ihre Begrenztheit offenbart. Etwa 20 Prozent der Weltbevölkerung verbrauchen 70-80 Prozent der Weltressourcen. Auch die Nutzung der gemeinsamen Atmosphäre ist extrem ungleich verteilt. Ungefähr 83 % des kumulierten Anstiegs an CO_2-Emissionen ist in der Vergangenheit durch die Industrieländer ver-

---

[12] vgl. Caprio, Gerard, jr. u. a. (Hrsg.), Precenting Bank Crises: Lessons from recent global Failures: Proceedings of a Conference cosponsored by the Federal Reserve Bank of Chicago and the Eco nomic Development Institute of the World Bank, EDI Development Studies, Washington, D.C., 1998, o. S. arch.
[13] vgl. Hirt, Walter: Netzwerke statt Nationen, in: Hamer, Eberhard & Eike (Hrsg.): Wie kann der Mittelstand die Globalisierung bestehen? Aton Verlag GmbH & Co. KG, Unna 2005, S. 89

ursacht worden, so wie diese auch verantwortlich sind für 61 Prozent der gegenwärtigen Emissionen an Treibhausgasen. [14]

Bisher waren auch die Bemühungen umsonst, den Verbrauch der Ressourcen vom Wirtschaftswachstum abzukoppeln, da der Gewinn an Effizienz stets durch Mengeneffekte konterkariert wurde, (wird z. B. der Benzinverbrauch der Autos durch neue Modelle gedrosselt, so fahren durch die Wachstumsschübe in vielen Ländern weltweit mehr Autos, die insgesamt eine höheren Schadstoffausstoß produzieren). [15]

Alle Länder werden langfristig auf eine Bahn einschwenken müssen, die von einem ähnlichen Niveau des fossilen Energieverbrauchs pro Kopf ausgeht. Der Norden wird seine Emissionen verringern (kontrahieren) und der Süden wird sie steigern (aufwärts konvergieren) müssen. Selbstverständlich bezieht sich das Prinzip von „Kontraktion und Konvergenz" nicht nur auf die Beziehungen zwischen Staaten sondern auch auf innerstaatliche Verhältnisse. Die Qualität des Wachstums ist ausschlaggebend. Wirtschaftliche Aktivitäten müssen so strukturiert werden, dass sie sowohl zur Erhaltung der Ökosysteme als auch zu dem Zusammenhalt der Gemeinschaften beitragen. Ein Wirtschaftswachstum, um sich selbst willen führt leicht in eine Sackgasse, wenn nicht erneuerbare Energien, nachhaltige Landwirtschaft, Wasserschutz, Bio-Unternehmen und der sorgsame Umgang mit Boden, Wäldern und Feuchtgebieten im Mittelpunkt stehen. Zerstörte Natur verschlimmert die Notlage der Armen, prosperierende Ökosysteme vermindern ihre Verwundbarkeit.

---

[14] vgl. UNDP: Human Development Report, New York 2003, o. S. arch., vgl. auch Weltbank: World Development Report 1998 – 1999, Knowledge for Development, Washington D.C. 1999, S. 86.

[15] vgl. Felber, Christian: 50 Vorschläge für eine gerechtere Welt, Deuticke im Paul Zsolnay Verlag, Wien 2006, S. 282 ff.

Ökologie ist deshalb ein Kernstück für jegliche Politik, welche die Existenzsicherung der Weltgemeinschaft im Auge hat. [16]

Die Wirtschaftspolitik der letzten fünfzig Jahre wurde in vielen Ländern des Südens von der Prämisse bestimmt, die ländliche Wirtschaft werde dadurch wachsen, dass sie vom Wachstum der städtischen Industrie profitiere. Sie würde automatisch am allgemeinen nationalen Fortschritt teilhaben, weil immer etwas von oben nach unten durchsickere. Ferner wird Energie mit Elektrizität, Elektrizität ihrerseits mit zentralisierten Versorgungsnetzen und nationale Versorgungsnetze mit einer auf Erdöl und Kohle basierenden Energieversorgung gleichgesetzt. Energiepolitik wird in der Regel auf Grund der Nutzung fossiler Brennstoffe gestaltet. Man ist davon überzeugt, dass Entwicklung Wachstum bedeutet und Wachstum wiederum den Energiekonsum antreibt. Energieentscheidungen werden im "modernen" Energiesektor in erster Linie aufgrund einer nicht mehr zeitgemäßen Wirtschaftspolitik getroffen, die kaum die Bedürfnisse der Mehrheit mit ein bezieht. Meist dient die vorhandene Kapazität zur Elektrizitätserzeugung in den energiefressenden Industrien und Großstädten. Für die Schaffung nachhaltiger Lebensgrundlagen sind hingegen massive dezentralisierte Initiativen des privaten und des Non-Profit-Sektors unerlässlich. Das Ziel sollte die Produktion von Gütern und Dienstleistungen für den lokalen, häufig mit wenig Kaufkraft ausgestatteten Markt sein, was bis jetzt im Prozess der Globalisierung noch nicht berücksichtigt wird. In den Entwicklungsländern macht nichtkommerzielle Energie (Holz, Kuhdung, Äste und Abfälle) fast 50% des Gesamtenergieverbrauchs aus. Dieser Trend wird sich wahrscheinlich auch so weiterentwickeln, wenn man die gegenwärtigen Wachstumsraten unterschiedlicher Energiequellen berücksichtigt. Dieser nichtkommerzielle Energie-

---

[16] vgl. UNEP: Global environmental Outlook 3, London 2002, S. 64 ff.

verbrauch stellt allerdings eine große Belastung für Buschland und Wälder dar. Der Mangel an kommerzieller oder nicht bezahlbarer Energie führt in vielen Fällen zur Zerstörung der Vegetation, was einer allmählichen stummen Katastrophe gleichkommt, da mehr als zwei Milliarden Menschen auf der Welt keinen Zugang zu Elektrizität oder Basisenergie haben. Sowohl aus sozialen Gründen wie aus Umweltschutzgründen müssen erneuerbare Energien unverzichtbare Bestandteile jeder Strategie sein, die langfristig Lebensgrundlagen sichern will. Die Heranführung der Bevölkerung von Ländern in Entwicklung an den westlichen Lebensstandard kann nur über eine solche Strategie erreicht werden. Die hierfür benötigten Ressourcen sind knapp, teuer und von großer Schadenswirkung für lokale und globale Ökosysteme. Zu dem Zeitpunkt, an dem die Abhängigkeit von fossilen Energien die industriellen Gesellschaften in eine Sackgasse führt, finden sich Gesellschaften, die zuvor als rückständig angesehen wurden, in einer günstigen Ausgangsposition. Noch nicht gefangen in dem veralteten Modell der ersten Industrialisierung haben sie die Aussicht, direkt in ein post-fossiles Zeitalter zu springen. Dies trifft umso mehr zu, wenn es darum geht, die Rohstoffbasis insgesamt von den fossilen zu den solaren Energien und Materialien hin zu verlagern. Neben dem ganz offensichtlichen Nutzen für die Umwelt geht es hier auch um die meist langen Nachschubwege der fossilen Rohstoffe, die ihrerseits lange Wertschöpfungsketten implizieren. Da die geografische Entfernung zwischen Rohstoffabbau und Endverbrauch, einschließlich der Zwischenschritte der Verarbeitung und Raffinierung, meist sehr groß ist, sind auch die Gewinn- und Arbeitsplatzchancen weit gestreut. [17]

Mit einem Wechsel der Rohstoffbasis könnte sich auch diese Logik verändern. Die Nutzung von Photovoltaik, Windkraft, kleinen Wasserkraft-

---

[17] vgl. WWF: Global Footprint Network: Europe 2005. The ecological Footprint, Broschüre, London 2005

werken und Biomasse erfordert wesentlich kürzere Nachschubwege, nicht nur für Rohstoffe sondern auch für die damit verbundenen Konversionstechnologien. Dies führt dazu, dass Einkommen und Arbeitsplätze weitgehend auf lokaler und regionaler Ebene verbleiben. Da Sonnenschein und Biomasse überall vorkommen, bieten sie sich für dezentrale Produktions- und Verbrauchsstrukturen an, ganz im Gegensatz zu den fossilen Rohstoffen, die an einigen wenigen Orten konzentriert sind und zentralisierte Großanlagen erfordern. Die Länder des Südens und des Ostens haben die Chance, früher und massiver als die nördlichen Ökonomien in die Solarwirtschaft einzusteigen. Mehr noch, sie würden sich selbst schaden, sowohl, was die Existenzrechte der Armen als auch was die Umwelt anbelangt, wenn sie dieselben Stadien industrieller Entwicklung durchlaufen wollten wie die nördlichen Staaten." Investitionen in die Infrastruktur, wie in leichte Bahnsysteme, dezentrale Energieproduktion, in den öffentlichen Nahverkehr, Brauchwasserkreisläufe, in angepassten Wohnungsbau, regionalisierte Nahrungsversorgung, transportsparende Siedlungen würden einem Land zu saubereren, kostengünstigeren und gerechteren Entwicklungsmustern verhelfen." [18]

Ein weiteres Kennzeichen der Globalisierung ist ein weltweit steigender Schuldenstand. Die Gegenbuchung zur Liquidität ist die Verschuldung als Verpflichtung oder Abhängigkeit von der Geldvermehrung. Die globalen Schulden sind dabei ebenso hoch wie die liquiden und illiquiden Guthaben. „Die ausgewiesene Staatsverschuldung der USA beträgt per 20. September 2005 über 40 Billionen Dollar. Zusätzlich existiert ein nicht bilanziertes Finanzloch zwischen 44 – 72 Billionen Dollar." [19]

---

[18] vgl. http://www.ila-web.de/artikel/272erneuerbareenergien.htm; Sachs, W.: Den Fußabdruck der Reichen verkleinern, Krisenenergie, ila 272

[19] Vgl. Hirt, Walter: Netzwerke statt Nationen, in: Hamer, Eberhard & Eike (Hrsg.): Wie kann der Mittelstand die Globalisierung bestehen? Aton Verlag GmbH & Co. KG, Unna 2005, S. 90

Die USA stehen dabei nicht allein, die Verschuldung zieht sich wie ein roter Faden um den gesamten Erdball. Eine negative Konsequenz dieser Misswirtschaft ist es, dass die Politik erpressbar ist. Es ist offensichtlich, dass in den westlichen Wohlfahrtsstaaten die große Mehrheit der Bevölkerung einen großen Teil ihrer ehemaligen Freiheit gegen staatliche Umverteilung und Versorgung eingetauscht hat. Die Versprechungen der Politik können jedoch immer weniger eingehalten werden, da gleichzeitig die Staatsquote (Anteil am Brutto-Inlands-Produkt BIP, den sich der Staat über Steuern und Abgaben holt) und die Abgabenquote (was der Bürger von seinem Einkommen abzugeben hat) explodierten, in einzelnen Ländern beträgt diese weit über 50 %. Dies kommt einer kalten Sozialisierung gleich.

Die weltweite Völkerwanderung des 21. Jahrhundert

Menschenströme kehren sich um, warum? Nur die großen Unglücke schaffen es noch in die Schlagzeilen. Zum Beispiel der Untergang eines mit 250 Passagieren völlig überladenen Flüchtlingsbootes vor der tunesischen Küste. Nur rund 40 Schiffbrüchige konnten von der Küstenwache gerettet werden. In der Woche zuvor waren 70 Menschen ertrunken, ebenfalls bei dem Versuch, illegal die Küste Italiens zu erreichen. Solche Katastrophen sind vorprogrammiert. Die Boote sind nicht nur hoffnungslos überladen. Sie sind auch meist rostzerfressen und klapprig, gerade recht für ihre buchstäblich letzte Fahrt? Denn die Schleußerbanden, die mit den Flüchtlingen das große Geschäft machen, haben das Schiff schon abgeschrieben und in den Preis mit eingerechnet. Sie werden es nicht wieder sehen. Denn wenn es nicht untergeht, wird es am Zielort beschlagnahmt. Hinter solchen Unglücksfällen verbirgt sich eine

Massenbewegung, eine regelrechte Völkerwanderung. Eine halbe Million Menschen, so schätzt man, reisen jedes Jahr illegal nach Europa ein. Es sind in der Regel nicht mehr, wie noch bis zur Mitte des 20. Jahrhunderts, politisch oder religiös Verfolgte, die ihre Heimat verlassen und ihr Glück in der Fremde suchen. Es sind Menschen, die in ihren unterentwickelten Ländern keine Lebensperspektive mehr sehen. Oder die vor Umweltkatastrophen flüchten, vor abgeholzten Wäldern und ausgedörrten Böden. Wirtschafts- und Umweltflüchtlinge nennt man sie. Sie verkaufen ihre letzte Habe, um die horrenden Gebühren der Schleußer zu bezahlen, oft mehrere tausend Euro. Wenn sie Pech haben, werden sie dann schon einige hundert Meter vor der spanischen Küste einfach aus dem Boot gekippt und müssen sehen, wie sie an Land schwimmen können. Denn die Bootsführer wollen nicht der Polizei in die Hände fallen. Man weiß nicht, wie viele der illegalen Grenzgänger ihr Ziel nie erreichen und unterwegs ertrinken – vor den Küsten Spaniens, Italiens oder der Kanarischen Inseln. Es sind sicherlich einige Tausend im Jahr. Niemand kann sie identifizieren, denn sie haben ihre Pässe vorsorglich weggeworfen. Sie wollen dadurch vermeiden, geradewegs in ihre Heimatländer abgeschoben zu werden. Andere wählen den Landweg und laufen Gefahr, in einem Container oder im Tankbehälter eines Lastwagens zu ersticken, wenn etwa an der Grenze kurzzeitig die Lüftung abgestellt wird. Im Juni 2000 fand man im englischen Dover 58 erstickte Chinesen in einem Lastwagen. Versuchen hier die Ärmsten der Armen in die Festung der Reichen, die »Festung Europa«, hineinzukommen? Das ist nicht ganz so. Denn wer es bis nach Europa schafft, gehört in seinem Herkunftsland oft schon zu einer Art Mittelklasse, hat eine gewisse Bildung und kann – meist mit Hilfe des ganzen Clans – die Schlepper-Mafia bezahlen. Was wir in Europa erleben, ist nur ein Teil, und zwar ein kleiner Teil, einer weltweiten Völkerwanderung. Experten schätzen, dass weltweit 50 bis 70 Millionen Menschen auf der Flucht sind vor Kriegen, Wirtschaftsmisere oder Umweltkatastrophen. Viele schaffen es nur bis ins Nachbarland – und vergrößern dort das Chaos. Während Marokkaner die Meerenge von Gibraltar zu überwinden versuchen, durchqueren ganze Trecks von Schwarzafrikanern die Sahara, um nach Libyen zu gelangen. Dort leben bereits mehrere 100.000 Schwarzafrikaner, und der Fremdenhass wächst. Für alle Völkerwanderungen gilt, und zwar seit Jahrtausenden: Sie können durch staatliche Abwehrmaßnahmen zwar gebremst, verzögert oder umgeleitet, aber niemals auf Dauer wirklich aufgehalten werden. Trotz eines gigantischen Grenzzauns gelingt es jährlich Zehntausenden von Mittel- und Südamerikanern, von Mexiko in die USA zu gelangen. In Spanien rüstete man die Grenzpolizei mit Geldern der Europäischen Union auf, gab ihr schnelle Schiffe und erstklassige Radarschirme. Tatsächlich ging die Zahl der Illegalen im Bereich dieser Sicherung drastisch zurück. Doch dafür schwimmen die Nussschalen jetzt auf die Kanarischen Inseln zu, die ebenfalls zu Spanien gehören. Oder die Schleußer organisieren (gegen entsprechendes Aufgeld) größere Boote, die eben hundert Kilometer weiter nördlich anlanden. Man kann nicht die ganze Mittelmeerküste abriegeln. Die Politiker wissen das. Die Sicherungsmaßnahmen sind teilweise wohl auch ein Zugeständnis an die Populisten unter ihnen, die mit Fremdenfeindlichkeit auf Stimmenfang gehen. Gleichzeitig wissen alle, dass Teile der Wirtschaft mit den illegalen Arbeitern ganz zufrieden sind. Sie arbeiten in der süditalienischen oder südspanischen Landwirtschaft als billige und ständig verfügbare Erntehelfer oder in den Städten auf dem Bau. Sie sind die Sklaven unserer Tage. Doch die Heimatlosigkeit, in die sich die Flüchtenden von heute, meist mehr getrieben als freiwillig, begeben, ist ein globales Phänomen: Auch in den Industrieländern ist der »mobile« Arbeitnehmer gefragt, der klaglos wie ein Nomade von einer Region zur anderen zieht, um kurzzeitig immer wieder einen neuen Arbeitsplatz zu ergattern, oft unterbezahlt oder auf Teilzeitbasis. Für bessere Jobs sucht man sich gut qualifizierte junge Leute aus der Dritten Welt – was für den einzelnen vielleicht eine Kariere bedeutet, doch was wird aus seinem Herkunftsland? »In früheren Zeiten beuteten die Kolonialherren die Rohstoffe der Kolonialländer aus. Heute die Qualifikation«, schreibt dazu der ehemalige deutsche Arbeitsminister Norbert Blüm (PM-Magazin7/02). Wo ist der fundamentale Unterschied? In beiden Fällen handelt es sich um Ausbeutung, Heimat, Familie, Nachbarschaft, Freundschaft werden zu Störfaktoren.

Alle äußeren Abschottungs-Maßnahmen gegen illegale Wirtschaftsflüchtlinge sind letztendlich nur ein Kurieren am Symptom. Wo liegen die Ursachen des Problems? Haben wir es hier vielleicht mit einer der Kehrseiten der Globalisierung zu tun? Die industrialisierten Länder haben nicht nur ihren Lebensstil und ihre Waren global verbreitet beziehungsweise zumindest global bekannt gemacht. Sie haben auch den Raubtierkapitalismus exportiert, der die Reichen immer reicher und die Armen immer ärmer macht. Sie liefern Waffen in Krisengebiete wie den Kongo und profitieren zumindest indirekt von den Bürgerkriegen z. B. im Kongo oder (in der jüngsten Vergangenheit) in Angola, wo es letztlich um den Besitz von Rohstoffen wie Diamanten, Erdöl oder Gold geht. Sie investieren mit großer Rendite in Erdölpipelines quer durch die Regenwälder, in Riesenstaudämme oder Sojaplantagen im Amazonasbecken. Sie erheben Zölle auf verarbeitete Produkte, aber keine auf Rohstoffe. Damit soll nicht geleugnet werden, dass es in den so genannten Entwicklungsländern auch hausgemachte Probleme gibt, die z. B. in der Mentalität oder in starren Traditionen begründet sind. Doch weshalb waren die Europäer hier keine Vorbilder? Es ist sicher kein Zufall, dass sich 500 Jahre nach der Entdeckung Amerikas und nach der Eroberung der Welt durch die so genannten christlichen Nationen die Einwanderungsströme umgekehrt haben: Verbreiteten sich bisher die Indo-Europäer über die ganze Welt, so drängen heute die Menschen aus den Ländern, die sie erobert und unterworfen haben, nach Europa und Nordamerika. Ursache und Wirkung? Die industrialisierten Länder haben ihr Ellbogendenken, ihren Egoismus exportiert. Jetzt stehen Menschen vor der Tür, die genau darunter gelitten haben. Ist nicht die heute sich abzeichnende weltweite Völkerwanderung eine gigantische Bankrotterklärung eines Scheinchristentums, das nicht die Bergpredigt des Nazareners, sondern ihr glattes Gegenteil in die Welt getragen hat: Ego pur, Raubtierkapitalismus, Gewalt und Brutalität gegen Mensch und Natur? Vielleicht ist die äußere Heimatlosigkeit, die heute so viele Menschen erleiden, so etwas wie ein Spiegelbild einer inneren Heimatlosigkeit, die alle Menschen, auch die scheinbar sesshaften, betreffen kann. Wäre es überhaupt mit der Welt so weit gekommen, wenn wir Menschen uns unserer inneren Heimat und unserer geistigen Herkunft bewusst wären? Hätten wir dann ein Wirtschaftssystem hervorgebracht, in dem die Natur vergewaltigt und die Tiere gequält werden? Hätten die scheinbar christlichen Völker die Welt mit Waffengewalt erobern und die einheimischen Strukturen zerschlagen können? Oder wäre ihnen dann nicht bewusst gewesen, dass alles, was lebt, eine Einheit ist, weil es von Gott seinen Atem hat, und dass alles, was wir aussenden, indem wir gegen diese Einheit verstoßen, wieder auf uns zurückkommt? Wir sagen so einfach: »Wir sind alle Kinder Gottes.« Doch was bedeutet das? Welche Auswirkungen hat es auf unser Leben? Wir sind unglücklich, weil wir das Glück unserer wahren Heimat verloren haben. Und was in scheinbar fernen Ländern

passiert, kann uns nicht gleichgültig sein. Die Auswirkungen sind ohne-
hin längst zu spüren. [20]

Wirtschaftliche Dimension der Globalisierung

In den letzten Jahrzehnten hat der Handel zwischen den Industrieländern stark zugenommen. Den größten Anteil am Welthandel haben die
Vereinigten Staaten, Deutschland und Japan (im Jahr 1989 mit 30% gemessen an den Exporten). 70% des gesamten Welthandels entfielen in
diesem Jahr auf die Industriestaaten. Vor 1990 ging der Anteil der Entwicklungsländer an den Ausfuhren stetig zurück. Erst seit 1990 hat sich
der Trend gedreht, wobei diese Entwicklung auf die Erfolge der asiatischen Schwellenländer zurückzuführen ist. In den 90iger Jahren wuchs
der Anteil der Entwicklungsländer am Weltwarenhandel schneller als der
gesamte Welthandel. 1999 belief sich der prozentuale Anteil der Entwicklungsländer am Warenexportvolumen auf 27,3%, der Anteil am
Weltdienstleistungshandel auf 23%. In Deutschland wuchs im ersten
Jahrzehnt der Globalisierung das gesamtdeutsche Bruttoinlandsprodukt
in Preisen von 1995 um 11,5%, der Export jedoch um nahezu 50%, auch
der Exportanteil am BIP ist im Globalisierungsjahrzehnt 1990-1999 stark
gestiegen. Nicht nur der Wachstumsschub der 90iger Jahre ist ein merk-
barer Trend, sondern auch die Ausprägungsformen der internationalen
Verflechtung, von der, der internationale Handel nur eine einzige Varian-
te darstellt. Auf die zunehmend internationale Produktion wird weiter unten eingegangen, wobei die multinationalen Unternehmen die größte
Rolle spielen. Das gilt auch für die Direktinvestitionen von Unternehmen
im Ausland. [21]

---

[20] vgl. Holzbauer, M.: Das Friedensreich, Journal. Ausgabe Nr. 8/03 in: http://ww3.das- weis-
se-pferd.com/de/ausgab en/03_08/voelkerwanderung.html

[21] vgl. Gutmann, Joachim, Kabst, Rüdiger (Hrsg.): Internationalisierung im Mittelstand, Gabler Verlag,

Zunehmend spielen auch weitere internationale Wirtschaftsbeziehungen eine Rolle. So werden von Unternehmen eines Landes in Auftragsfertigung Aufträge an Unternehmen im Ausland vergeben und damit Teile der Produktion ins Ausland verlagert, wobei die Endmontage häufig im Inland vorgenommen wird, denn der Vertrieb wird grundsätzlich nicht ausgelagert. Weitere Formen internationaler Zusammenarbeit sind dabei strategische Allianzen, Joint Ventures oder andere Kooperationen sowie Patent- und Lizenzerwerb aus dem Ausland.

Die wirtschaftlichen Veränderungen im letzten Jahrzehnt des 20. Jahrhunderts waren gewaltig, und die laufenden Entwicklungen des globalisierten Marktes sind in ihren Auswirkungen im vollen Umfang noch kaum abzuschätzen. Es finden ständige Veränderungen in allen Bereichen der Wirtschaft statt. Dabei sind es mehrere Trends, die charakteristisch für die wirtschaftliche Entwicklung im Laufe der Globalisierung sind. Daraus können wir folgende Erkenntnisse ziehen: keine technische Innovation, keine wirtschaftliche gesellschaftliche Veränderung hat nur positive oder nur negative Auswirkungen. Das gilt auch für die Globalisierung. Auch ist sie kein Naturereignis wie ein Tsunami, das unerwartet und blitzschnell über uns hinwegrast, unbeeinflussbar, dem wir völlig ausgeliefert sind. Sie ist von Menschen gewünscht, wird von ihnen gestaltet und ist deshalb auch veränderbar und kann in andere Bahnen gelenkt werden. Das heißt, die Globalisierung bietet neue Chancen, aber es gibt auch massive Interessen von Gruppen, Firmen, Staaten, die sich Vorteile auf Kosten anderer verschaffen wollen.

Wiesbaden 2000, S. 16

„Es gibt Leute, die bestimmen und es gibt Menschen, die haben nichts zu sagen. Es gibt mehr Wohlstand und mehr kulturellen Austausch – und es gibt Länder und Regionen, die werden abgehängt. Wir können und wir müssen fragen: Wer sind bisher die Gewinner, wer sind bisher die Verlierer der Globalisierung? Wo erschließt uns die Globalisierung Zugang zu fremden Kulturen? Und wo führt sie zu einem undefinierbaren Einerlei der Lebensstile, dazu, dass alle das Gleiche essen und dieselben Filme sehen? Kommen wir uns nicht etwa zu nah? Gehört nicht auch Abstand zu den Fortschritten der Zivilisation, die Möglichkeit, Distanz zu halten? Von der Globalisierung sind wir alle betroffen – noch bevor alle genau wissen, wie sie eigentlich funktioniert. Darum müssen wir zu begreifen versuchen, was geschieht und warum es geschieht. Wir müssen die Globalisierung als Herausforderung verstehen."[22]

Tatsächlich bietet Globalisierung große Chancen. Sie schafft aber auch erhebliche Risiken. Die sozialen Folgen der gegenwärtigen Globalisierung erscheinen bislang uneinheitlich und teils widersprüchlich: Obwohl einerseits immer mehr Reichtum produziert wird, wächst dennoch nach wie vor auch die weltweite Armut bis hin zur Verelendung vieler Menschen. Positive Aspekte bestehen beispielsweise darin, dass mehr Investitionen in Entwicklungsländer fließen und die bevölkerungsreichsten Regionen stärker in den internationalen Handel einbezogen werden. Damit können dort Millionen neuer Arbeitsplätze entstehen, darunter nicht nur solche in einfachen Fertigungsbetrieben wie z. B. Nähereien, sondern auch qualifizierte Arbeitsplätze etwa in der Automobil - oder Elektronikbranche. Millionen Menschen erhalten so ein regelmäßiges Einkommen und können ihren Lebensstandard erhöhen. Nicht nur dies:

---

[22] vgl. Rau, J.: „Berliner Rede" des Bundespräsidenten im Museum für Kommunikation Berlin, 13. Mai 2002, www.zeit.de/reden/Weltpolitik/200220_rau_globalisierung.html

da Handel und Industrie zunehmend Fachkräfte benötigen, erhalten mehr Menschen eine qualifizierte Ausbildung, und mehr Kinder gehen zur Schule. Hinzu kommt die immer schnellere Verbreitung von Informationen und die, wie bei uns, selbstverständlich gewordene Nutzung technologischer Neuerungen in breiten Bevölkerungsschichten. Nicht zuletzt entstand mit diesem Wandel auch gesellschaftlicher Druck hin zur Demokratisierung oft mit großem Erfolg, wie die Beispiele Süd-Korea, Taiwan oder Thailand zeigen. Jene Länder, welche die Globalisierung für sich nutzen konnten, haben die seit Kolonialzeiten gültige Arbeitsteilung überwunden, nach der die 'dritte Welt' Rohstoffe lieferte, die in der 'ersten Welt' zu Fertigwaren verarbeitet und in die zweite und dritte Welt verkauft wurden. Ein negativer Aspekt ist die ungleiche globale Verteilung der Globalisierungsvorteile: Nimmt man das Wachstum des regionalen Pro-Kopf-Einkommens zwischen 1985 und 1995 zum Maßstab, ist es zwar einigen asiatischen Staaten gelungen, wirtschaftlich zu den Industrieländern aufzuschließen. Lateinamerika und vor allem aber Sub-Sahara-Afrika, sind weiter hinter die Industrieländer zurückgefallen. Dabei sind die meisten dieser Entwicklungsländer durchaus in die Weltwirtschaft "integriert": So erreicht in Afrika der Anteil der Exporte am Bruttoinlandsprodukt (BIP) fast 30 Prozent. Exportiert werden überwiegend Rohstoffe und Agrarerzeugnisse – allerdings zu Gestehungspreisen, die im Verhältnis zu den Endpreisen gesunken sind. Während einerseits die Länder mehr Geld für ihre Einfuhren (Maschinen, Erdöl, Medizin etc.) ausgeben müssen, können sie andererseits für ihre Ausfuhren immer weniger einnehmen. Ein ständiger wirtschaftlicher Aderlass ist die Folge, der noch verschärft wird durch eine hohe Schuldenlast. Bereits in den 80er Jahren haben alleine die Länder Schwarzafrikas durch sinkende

Exporterlöse, Schuldentilgung und Zinszahlungen einen jährlichen Verlust von rund 150 Mrd. US-Dollar erlitten. [23]

Anfang Oktober jeden Jahres legt die UNCTAD (United Nations Conference on Trade and Development) ihren Jahresbericht über Handel und Entwicklung vor. Die UNCTAD geht in ihrem letzt jährigen Bericht auch auf die Situation in den lateinamerikanischen Ländern ein und kommt zu einem ernüchternden Ergebnis. Trotz marktliberaler Reformen habe es in diesen Ländern seit 1980 keinen Aufschwung gegeben. Dies, obwohl Länder wie Brasilien und Argentinien ihre Reallöhne gesenkt und auf Betreiben von IWF und Weltbank marktfreundliche Strukturreformen auf den Weg gebracht haben: eine größere Flexibilisierung des Arbeitsmarktes, Privatisierungen und das Öffnen der Finanzmärkte. Ein UNCTAD-Spezialist für Lateinamerika kommentierte: «Es gab keine ökonomische, keine soziale und keine entwicklungspolitische Verbesserung». Wenn überhaupt Arbeitsplätze geschaffen wurden, dann im Niedriglohnbereich oder als Teilzeitstellen. Das allgemeine Lohnniveau ist weiter gesunken. 100 Millionen Menschen verdienen nicht einmal genug, um sich satt zu essen." [24]

Verschiedene Faktoren tragen dazu bei, dass die ärmeren Länder die Globalisierungsvorteile bislang kaum nutzen konnten: Ein niedriges Bildungsniveau gehört ebenso dazu wie die mangelhafte Infrastruktur, oft auch eine verfehlte Wirtschafts- und Strukturpolitik der jeweiligen Regierungen, interne Konflikte, die ausländische Investitionen zu riskant erscheinen lassen, oder eine ungünstige geografische Lage, die lange und teure Transportwege bewirkt. In vielen Fällen tragen die Liberalisierung

---

[23] vgl. http://www.venro.org/schwerpunkte/globalisierung-ohne-armut/wgwv.html

[24] vgl. http:// www.venro.org/schwerpunkte/globalisierung-ohne-armut/wgwv.html

der Märkte und die Privatisierung der Wirtschaft zunächst sogar zu einer erheblicher Verschlechterung der wirtschaftlichen und sozialen Situation bei. In der Mongolei z. B., ungünstig zwischen Russland und China gelegen, hat die Marktöffnung nach dem Ende des Sozialismus fast zum völligen Stillstand der heimischen Wirtschaft geführt, weil sie gegen die hereinströmenden Importe nicht mehr konkurrenzfähig war. Stattdessen findet man auf den Märkten heute Getreide aus den USA, Gemüse aus China oder Schuhe aus Korea. In jenen armen Ländern Afrikas, Asiens und Lateinamerikas, die bisher nicht von der Globalisierung profitieren konnten und deren Volkswirtschaften nicht oder nur kaum wachsen, sind die sozialen Folgen aufgrund der vom Internationalen Währungsfonds (IWF) geforderten Strukturanpassungen besonders spürbar. Die bedeutendste Veränderung in Globalisierung ist das Gewicht der verschiedenen transnationalen Akteure in der Umstrukturierung der sozialen (nationalen) Institutionen, aber auch die Kosten der Krankenversicherungen. Da der Anteil der älteren und kranken Menschen an der Bevölkerung in den letzten Jahren stark gestiegen ist, sind die sozialen Systeme stark überlastet. Deshalb werden Empfehlungen der internationalen Institutionen zur Globalisierung auch auf die sozialen Systeme angewandt: es ist die Linie des „Washington Consensus" von IWF und Weltbank, der den Staaten die Vorgaben macht: weniger öffentliche Ausgaben, mehr Steuergelder direkt an die Wirtschaft, Steuersenkungen, Deregulierung, Privatisierung. Ausgaben für Renten und Krankheiten stellen einen so großen Anteil der Gesamtausgaben der öffentlichen Hände dar, dass gerade bei Ihnen der Rotstift angesetzt wird. Der Bericht der Weltbank von 1994 „zur Vermeidung der Alterskrise" im Jahr 1994 hat sich deutlich für die Schaffung des zweiten und dritten Pfeilers in der Altersversorgung ausgesprochen. Das beinhaltet eine Abkehr vom Deckungssystem und dem Generationenvertrag, soll die Eigenverantwortlichkeit des einzelnen stärken und auch die Betriebe in die Vorsorge für das Alter ihrer Mitarbeiter einbinden. Dieses System ist in der Schweiz seit vielen Jahrzehnten äußerst erfolgreich. [25]

In den Entwicklungsländern haben die Frauen [26] und die Senioren durch die Privatisierung des Gesundheitssystems und die Last der Schulden, die an Weltbank und IWF abgezahlt werden müssen, am meisten zu leiden. Es sei hinzugefügt, dass der Globalisierungsprozess die Flüchtlinge- und Migrantenflüsse sehr beschleunigt, was ebenfalls Veränderungen hervorrufen kann, die das Leben der alten Menschen destabilisieren. Nicht zu vergessen ist, dass diese fast ein Drittel der Flüchtlinge infolge von Konflikten oder Extremsituationen darstellen. Im Jahr 2000 waren es weltweit ca. 53 Millionen.

Technologieaspekte

Der technologische Fortschritt hat zu einer extremen Verbilligung der Raumüberwindungs- und Markteintrittskosten für Unternehmen geführt und damit das weltweite Handlungspotential der Unternehmer neu dimensioniert, so wie eine enge Verflechtung der Güter- und Faktormärkte begründet, da sich auf Grund der verkürzten Distanzkosten der Globalisierungsprozess beschleunigt und Marktdimensionen vorher nicht gekannten Ausmaßes eröffnet hat. Dies wirkt sich in immer stärkerer Intensität auf nationale und heimische Märkte aus. Früher waren die Marktzutrittskosten so hoch, dass lokale Märkte oder Bewerber aus nahen Räumen zum Teil geschützt waren, heute kann die ausländische Konkurrenz überall auftreten. Das gilt nicht nur für Vor allem die Kommunikationskos-

---

[25] vgl. http://www.staytuned.at/sig/0024/3292

[26] vgl. Ruppert, Udo: Frauenpolitik in der Globalisierung, in: Randzio-Plath, Christa (Hrsg.): Frauen und Globalisierung. Zur Geschlechtergerechtigkeit in der Dritten Welt, Dietz, Bonn 2004, S. 25

ten sind seit 1930 sehr stark gefallen, Dies ist auf die Entwicklung der Elektronik und vor allem auf die daraus entstandene Computertechnologie zurückzuführen, die eine rasche Verarbeitung von großen Informationsmengen ermöglicht hat. Die Digitalisierungs-, die Glasfaser- und die Satellitentechnologien machen den Informationstransport über praktisch jede Distanz weltweit zu niedrigen Kosten möglich. Für die Unternehmer hat das räumliche Auswirkungen. Die Koordination von räumlich getrennten Unternehmensteilen wird erleichtert. Die einzelnen Niederlassungen haben weitgehende Entscheidungsfreiheit, die Kontrolle kann aber zentral koordiniert werden. Einzelne Bereiche wie Datenverarbeitung, Forschung und Entwicklung etc. können ins Ausland verlagert werden, da diese Unternehmensbereiche auf Grund der neuen Technologien auch bei räumlicher Distanz in die unternehmensinternen Prozesse integriert werden können. Aber auch die Produktionstechnologie wurde durch die mikroelektronische Revolution völlig verändert. Computergesteuerte Werkzeugmaschinen können die Produktion automatisch steuern, dadurch können Anlagen flexibler genutzt werden. Hier hat sich für die Unternehmen auf Grund der fallenden Kosten pro Stück die notwendige Menge der Güter, die in einer Produktionsserie gefertigt werden, verringert, was die Rentabilität kleinerer Produktionsstätten erhöht.

„Gleichzeitig sind kleine Produktionsniederlassungen einfacher ins Ausland zu verlagern. Sie benötigen dort weniger lokales Know-how als vergleichbare zuvor genutzte große Produktionseinheiten. Hinzu kommt, dass durch die flexiblere Produktion lokal hergestellte Produkte einfacher an die örtlichen Präferenzen angepasst werden können. Insgesamt hat die Mikroelektronik damit eine im Verlauf des Produktzyklus frühzeitigere

Verlagerung der Produktion in Niedriglohnländer anstelle von Exporten kostengünstiger gemacht."[27]

Das hat dazu geführt, dass in den beiden letzten Jahrzehnten an die Stelle des Handels mit Fertiggütern ein „Intra-Firmen-Handel" von Zwischengütern zwischen Unternehmensteilen multinationaler Unternehmen getreten ist und auch Güter der gleichen Produktgruppe, z. B. Autos, von einem Land sowohl importiert als auch exportiert werden (intranationaler Handel). Auch auf den globalen Markt für Dienstleistungen hat sich der Technologieschub ausgewirkt. So konnten durch die gesunkenen internationalen Transaktionskosten bei Vertragsabschlüssen besonders im Banken-, Treuhand- und Unternehmensberatungsbereich Unternehmensaktivitäten internationalisiert werden. Durch die neuen Technologien ließen sich andere Dienstleistungen wie Programmieren, Telearbeiten etc. erst zu einer handelbaren Ware entwickeln.

Internationale Unternehmenskonzentration

In den Jahren seit 1990 hat eine große Zahl von Unternehmenszusammenschlüssen und freundlicher sowie feindlicher Übernahmen in der internationalen Wirtschaft stattgefunden. Dieser internationale Konzentrationsprozess führt dazu, dass immer weniger Unternehmen miteinander im Wettbewerb stehen. Dies hat weltweit Auswirkungen auf die Wirtschafts- und Beschäftigungsstruktur. 2001 wurden weltweit ca. 65.000 multinationale Konzerne mit 54 Mio. Beschäftigten gezählt. Von den 100 größten Multis stammen 53 aus Europa und 23 aus den USA.[28] Ein drittel des gesamten Welthandels zur Zeit wird von multinationalen Konzer-

---

[27] vgl. Strauhaar Thomas: Globalisierung und nationale Arbeitsmärkte, in: Krömmelbein, Silvia; Schmid, Alfons (Hrsg.): Globalisierung, Vernetzung und Erwerbsarbeit, München 2000, S. 23
[28] vgl. Le Monde Diplomatique (Hrsg.): Atlas der Globalisierung, taz-Verlag, Berlin 2003, S. 3.

nen abgewickelt und der Umsatz der vier größten internationalen Großunternehmen ist höher als das Bruttosozialprodukt von ganz Afrika. [29]

In der EU allerdings übertrifft seit 1993 die Zahl der Fälle im Dienstleis-
tungssektor die Zahl der Fälle in der Produktion. Die Fusionswelle zeigt
sich weltweit. EU-Unternehmen waren an 50 % der grenzüberschreitenden Übernahmen/Fusionen in Europa, aber auch an neun der zehn
weltweit größten grenzüberschreitenden Übernahmen/Fusionen beteiligt.
Von daher hat die EU-Fusionskontrolle an Bedeutung gewonnen. [30]

In den Industrieländern sind diese Zusammenschlüsse innerhalb von 10
Jahren von 9.000 auf 24.000 gestiegen und werden von den Wirt-
schaftswissenschaften als Resultat der Deregulierung und Privatisierung
angesehen, die den öffentlichen Händen im letzten Jahrzehnt verordnet
wurden. Seit 2000 hat sich dieser Prozess wieder verlangsamt. Großbritannien, Deutschland, Frankreich, die Niederlande sind Spitzenreiter bei
der Entwicklung, an der EU-Unternehmen beteiligt sind. Besonders viele
Fusionen fanden in der Energie und Telekommunikationsbranche statt.
[31]

Die Zahl der Unternehmenszusammenschlüsse in Deutschland folgt einem ähnlichen Muster. Die höchste Zahl der Fusionen, die beim Bundeskartellamt angezeigt wurden, manifestierte sich 1998 und ist bis 2003
stetig gefallen. 2004 ist nach einer Pressemeldung des Bundeskartellam-

---

[29] vgl. Mander, Jerry; Goldsmith, Eduard (Hrsg.): Schwarzbuch Globalisierung. Eine fatale Entwicklung mit vielen Verlierern und wenigen Gewinnern, 2. Auflage, Riemann Verlag, München 2002, S.
115 - 121.

[30] vgl. Randzio-Plath, Christa; Rapkay, Bernhard: Neue Herausforderungen für die Fusionskontrolle,
in: Wirtschaftsdienst (HWWA) 2/2003, S. 116
[31] vgl. Randzio-Plath, Christa/Rapkay, Bernhard: Neue Herausforderungen für die Fusionskontrolle,
in: Wirtschaftsdienst (HWWA) 2/2003, S. 116

tes in etwa die gleiche Zahl von Fusionsvorhaben wie 2003 bei dieser Behörde gemeldet worden. [32]

Gründe für Unternehmenszusammenschlüsse

„Gründe für das Entstehen von Unternehmenskonzentrationen liegen in Größenvorteilen (economies of scale), in Diversifizierungsvorteilen (economies of scope), in Finanzierungsvorteilen und den Möglichkeiten, staatliche Rahmenbedingungen auszunutzen (Subventionen) oder diese zu umgehen (Steuern, Zölle)." [33]

Durch die Öffnung der Märkte nach Osteuropa und die stärkere Verflechtung der westeuropäischen Märkte entstanden in Europa größere Wirtschaftsräume, die zu Übernahmen, Zukäufen, Gründung von Tochterfirmen in den noch unerschlossenen Ländern Osteuropas führten. Hier handelt es sich oft um „horizontale" Konzentration, um die Kernbereiche der Unternehmen aus den alten Industrieländern zu stärken und um in die neuen Länder hinein zu erweitern. Auch ist in reifen Märkten die Kreativität nicht mehr so hoch, so dass Innovationen nicht in ausreichendem Maße für Neuentwicklungen sorgen. Der Wettbewerb findet deshalb nicht im Schumpeterschen Sinne über die Dynamik der Neuheiten sondern über niedrigere Preise statt, weshalb über Fusionen höhere Stückzahlen mit degressiven Kosten produziert werden. Die fortgesetzte Entwicklung zu immer größeren Unternehmen führt allerdings zu oligopolistischen Märkten, die einerseits zu Preisabsprachen aber auch zu ruinösem Wettbewerb führen können, andererseits, wie die Geschichte ge-

---

[32] vgl. Bundeskartellamt: Pressemeldung des Bundeskartellamtes vom 16.12.2004, Jahresrückblick, Ausblick 2005: www.bundeskartellamt.de/wDeutsch/archiv

[33] vgl. Krämer, Werner: Personalführung und Organisation im Wandel, in: Schauf, Malcolin (Hrsg.): Unternehmensführung im Mittelstand, München und Mering 2006, S. 211

zeigt hat, auch Gegenmacht in Form der „countervailing powers" erzeugt. [34]

Wie oben erwähnt, sind auch die Deregulierung und Privatisierung öf-
fentlicher Bereiche für größere Wirtschaftseinheiten in größeren Wirt-
schaftsräumen verantwortlich. Hier sind es vor allem die Dienstleis-
tungsbranchen der Telekommunikation, Verkehr, Energie, Versicherun-
gen und Banken, die Mitbewerber aus anderen Ländern übernehmen.
Eine wesentliche Rolle bildet auch das in Mode gekommene Unterneh-
mensziel, den Shareholder Value zu verbessern. Um die Renditen und
damit die Gewinne der Aktionäre zu verbessern, werden kleinere ge-
winnbringende Firmen aufgekauft, die, die Erreichung dieses Ziels opti-
mieren. [35]

Globalisierung von Märkten beinhaltet aber auch intensiven Wettbewerb.
Lokale oder nationale Monopole werden in der großen weltweiten Konkurrenz zu Oligopolen. Oligopole in einem Weltteil werden im globalen
Markt zu einem von vielen Wettbewerbern. Bei größeren Märkten gibt es
zunächst mehr Konkurrenten. „Economies of scale" müssen als Größen-
vorteile genützt werden. Verminderte Distanzkosten führen zu einer
Konzentration von Standorten, da die Transport- und Logistikkosten keine so bedeutende Rolle mehr spielen. Diese Produktionskonzentration
und der gestiegene Wettbewerbsdruck begründen auch die Vergrößerung von Marktanteilen. Da durch die Globalisierung die effektiven
Marktanteile an dem nun größeren (globalen) Markt abgenommen haben, erzwingt genau diese Dekonzentration eine stärkere Re-
Konzentration durch Umstrukturierung der Unternehmen nach dem Prin-

---

[34] vgl. Giesberg, Georg: Marktmacht ruft auf dem Markt immer wieder Gegenmacht hervor,
in: FAZ, 7.7.1998, o. S. arch.
[35] vgl. Institut der deutschen Wirtschaft: Informationsdienst Nr. 16, 20.4.2004, S. 4 f.
Vergrößerung von Marktanteilen

zip, sich dort zurückzuziehen, wo man geringe Marktanteile hat, und dort Marktanteile zu erwerben, wo man sich stark fühlt. Die Marktanteile wandern von den Schwachen auf diesem Markt zu den Starken, gemäß der alten Einsicht der Ökonomen: jedes Gut wandert in der Marktwirtschaft zum besten Wirt. Hinzuweisen ist allerdings auch darauf, dass forschungsintensive Branchen, wie z. B. die Pharmaindustrie, ohne weltweite Vertriebsmöglichkeiten ihre Forschungstätigkeit nicht mehr finanzieren können. In einem marktwirtschaftlichen System sind die Motive der Unternehmen im Rahmen der Ausdehnung der Märkte durchaus verständlich und legitim. Ob allerdings die Erwartungen erfüllt werden, die mit den Fusionen einhergehen, steht auf einem anderen Blatt. Auch sind die damit eingehenden Strukturveränderungen teilweise schmerzhaft und unbequem. [36]

Auswirkungen der Globalisierung auf die Arbeitsmärkte

In der Diskussion um wirtschaftliche Prosperität wird die Negativwirkung der Globalisierung auf die Arbeitsmärkte einbezogen. Gerade in diesem Bereich werden von vielen Seiten Prügel geworfen und in der Mediendiskussion, vor allem in Deutschland, der Blick auf die Realität verstellt. Von 1990-2003 sind in den OECD Ländern 36 Mio. Arbeitsplätze geschaffen worden. Dabei hat sich gezeigt, dass in den Ländern, in denen es wenig Bürokratie, ein nicht zu restriktives Steuersystem und eine unternehmensfreundliche Wirtschaftspolitik gibt, die meisten Arbeitsplätze entstanden. Einen sehr wichtigen Aspekt der Globalisierung bildet die Mobilität der Produktionsfaktoren. Know-how ist weltweit standortungebunden und kann sich überall ansiedeln. Auch Kapital ist durch den

---

[36] vgl. von Weizäcker, Carl Christian: Keine Angst vor Fusionen, in: FAZ, 24.4.1999, S. 15

international erschlossenen Kapitalmarkt relativ mobil. Inzwischen sind auch Standorte durch niedrigere Markteintritts-und die verkürzten Transport- und Logistikkosten leicht zu verschieben. Problematisch erweist sich die Flexibilität des Produktionsfaktors Arbeit. Einen sehr wichtigen Aspekt der Globalisierung bildet die Mobilität der Produktionsfaktoren. Know-how ist weltweit standortungebunden und kann sich überall ansiedeln. Auch Kapital ist durch den international erschlossenen Kapitalmarkt relativ mobil. Inzwischen sind auch Standorte durch niedrigere Markteintritts-, die verkürzten Transport- und Logistikkosten leicht zu verschieben. Problematisch erweist sich die Flexibilität des Produktionsfaktors Arbeit. Da die weltweite Wirtschaftsverflechtung zu Veränderungen auf allen Märkten führt, beschleunigt sich auch der Strukturwandel. Das bedeutet für die Arbeitsmärkte einen starken Anpassungsdruck, da auf Grund der Rationalisierungsbestrebungen Arbeitskräfte in großem Umfang frei gesetzt werden. Auch der technologische Fortschritt begründet Arbeitseinsparungen. Viel zu lange sind durch bürokratische, arbeitsrechtliche und gewerkschaftliche Zwänge Arbeitsmarktreformen hinausgeschoben worden, die jetzt durch den globalen Wettbewerb erzwungen werden. Das resultiert in großen Problemen für die einzelnen Menschen, vor allem in Ländern mit hoher Staatsquote, da hier die Hemmnisse für Umstrukturierungen hoch sind und eine marktwirtschaftliche Regulierung innerhalb eines solchen Systems nicht Platz greift. Betroffen sind vor allem ungelernte und schlecht ausgebildete Arbeitskräfte, aber auch Spezialisten aus Wirtschaftszweigen, die nicht mehr nachgefragt werden. Globalisierung stellt auf den erweiterten Arbeitsmärkten Arbeitskraft im Verhältnis zum Kapital in ausreichender Menge zu billigen Preisen zur Verfügung, wobei der Konkurrenzdruck einmal durch das Migrationspotential billiger ungelernter Arbeitskräfte, zum anderen durch die Einfuhr von Produkten und Dienstleistungen aus Billigländern merkbar wird.

Größere Märkte erzwingen auch einen intensiveren Standortwettbewerb. Die Wirtschaftspolitik muss stärker zwischen mobilen und immobilen Produktionsfaktoren unterscheiden. Die standortungebundenen Faktoren nehmen an Gewicht gegenüber den standortgebundenen Faktoren zu, da die Rationalisierungsreserven durch den hohen Konkurrenzdruck ausgeschöpft werden müssen.

„Wie viele Arbeitsplätze es in einer Volkswirtschaft gibt, ist vor allem eine Frage der Arbeitskosten und der Rahmenbedingungen. Ist Arbeit vergleichsweise teuer, wird sie von Maschinen erledigt oder – etwa bei den Haushaltsdienstleistungen – gar nicht erst nachgefragt. Inflexible Arbeits- und Gütermärkte, eine überbordende Bürokratie, hohe Steuern sowie ein übertriebener Sozialschutz verhindern ebenfalls das Entstehen neuer Arbeitsplätze."[37]

In den Industrieländern ist die Arbeitslosigkeit in dem Ausmaß gestiegen, in dem die Arbeitskräfte sowohl räumlich als auch zwischen den Produktionszweigen hin- und herwandern können. Eine Betrachtung der deutschen Wirtschaft resultiert im Folgenden: forschungs- und wissensintensive Industrien befinden sich in einer Wachstumsphase, während arbeitsintensive Güter nicht mehr wettbewerbsrelevant erzeugt werden können. Wie gerade in den Nachrichten der letzten Wochen mitgeteilt wurde, werden zur Zeit die Rationalisierungsreserven in der Verwaltung und im Rechnungswesen geprüft, und auch hier glaubt man wieder Tausende von Mitarbeitern freisetzen zu können, d. h. es sind vor allem Unternehmensteile und Branchen betroffen, bei denen Produktivitätssteigerungen bis jetzt nicht ausgeschöpft wurden. Aufgrund dieser Entwicklun-

---

[37] vgl. Institut der deutschen Wirtschaft: Streitfall Globalisierung, 2. aktualisierte Auflage, Deutscher Institutsverlag, Köln 2005, S. 24

gen werden immer höhere Qualitätsanforderungen an die Arbeitskräfte gestellt. [38]

Allerdings ist eine weitere spekulative These über die Folgen der Globalisierung diejenige der Entkoppelung von Beschäftigung und Wirtschaftswachstum (jobless growth). Messen lässt sich eine solche Vermutung an den Steigerungen von Produktivität und Wirtschaftsleistung. Im OECD-Raum ist im Beobachtungszeitraum die Wirtschaftsleistung stärker gewachsen als die Produktivität. Die Differenz zwischen den beiden Wachstumsraten ist durch die Vermehrung der Arbeitsplätze gegeben. [39] Auch in den Entwicklungsländern entstehen durch den Globalisierungsprozess große Friktionen in Bezug auf den Produktionsfaktor Arbeit.

Verstärkung der Ungleichgewichte weltweit

Jene Entwicklungsländer, die über günstige Voraussetzungen verfügen (z. B. gute Infrastruktur, gutes allgemeines Bildungsniveau, innerer Frieden und Sicherheit), konnten von der Globalisierung am meisten profitieren. Das sagt freilich noch nichts über die Verteilung der erwirtschafteten Wohlfahrtsgewinne innerhalb dieser Länder aus. Das Entwicklungsprogramm der Vereinten Nationen (UNDP) geht davon aus, dass mit der Globalisierung die Einkommensunterschiede sowohl zwischen den Staaten als auch innerhalb der Staaten - auch der Industrieländer - größer geworden sind. Salopp formuliert sind die Reichen reicher und die Armen ärmer geworden. Nach dem "Bericht zur menschlichen Entwicklung" von UNDP: [40]

---

[38] vgl. von Weizsäcker, Ernst Ulrich: ohne Titel, in: WS/ Mitteilungen, Nr. 2 / 2002, S. 123

[39] vgl. Institut der deutschen Wirtschaft: Streitfall Globalisierung, 2. aktualisierte Auflage, Deutscher Institutsverlag, Köln 2005, S. 24

[40] vgl. UNDP: Human Development Report, New York 1999, o. S. arch.

→ verfügen die drei reichsten Menschen über ein Vermögen, das größer ist als das gesamte Bruttoinlandsprodukt (BIP) aller am wenigsten entwickelten Länder (LDC) mit ihren 600 Millionen Einwohnern zusammen,

→ erzielten 20% der Weltbevölkerung im Jahr 1960 ein elfmal höheres Pro Kopf Einkommen als das ärmste Fünftel. Im Jahr 2003 ist das Pro Kopf Einkommen des reichsten Landes der Welt, Luxemburg, mit 54.430 Kaufkraftparitäten Dollar 110 mal so hoch wie dasjenige des ärmsten Landes der Welt mit 530 Kaufkraftparitäten Dollar,

→ ist das Pro Kopf Einkommen der drei nächstreichen Länder etwa 50 mal so hoch wie das der fünf nächstarmen Länder, die alle in Afrika gelegen sind,

→ verzeichnet Russland die größte innergesellschaftliche Ungleichheit. Dort hat das reichste Fünftel ein 11mal höheres Einkommen als das ärmste Fünftel, [41]

→ verfügen in Deutschland die oberen 10 Prozent der Bevölkerung über 49 Prozent des Nettoeinkommens, die unteren 50 Prozent der Bevölkerung über 2,4 Prozent des Nettoeinkommens. [42]

Auch wenn man Indikatoren für den Lebensstandard heranzieht, sind die Unterschiede zwischen Industrie- und Entwicklungsländern beträchtlich. Besaß ungefähr jeder zweite in den Industrieländern im Jahr 2000 ein Auto, ein Telefon, ein Mobiltelefon und jeder dritte einen Internetzugang, so sind solche Selbstverständlichkeiten in vielen Entwicklungsländern kaum oder wenig vorhanden und auch der Elektrizitätsverbrauch, ein

---

[41] vgl. World Bank: World Development Indicator 2003, Washington D.C. 2003.
[42] vgl. Dritte Welt Haus Bielefeld/BUND/MISEREOR 1997: Entwicklungsland Deutschland, o. S.

wichtiger Indikator für Wohlfahrt, ist in vielen Ländern in Entwicklung verschwindend gering. Inzwischen dürften sich in einigen südamerikanischen Ländern, in China und in Indien die Verhältnisse zwar gebessert haben, aber die afrikanischen Länder, außer Südafrika, fallen relativ immer stärker zurück. Die Schere zwischen arm und reich öffnet sich auch innerhalb der einzelnen Staaten. Bei über 60 % der Länder, die im Rahmen einer Untersuchung analysiert wurden (73 Länder mit 80 % der Weltbevölkerung aus einer Untersuchungsgesamtheit von 122 Ländern) kam es zu mehr Ungleichheiten bei der Verteilung des Bruttoinlandsproduktes, nur bei 9 % verminderten sich diese. [43]

Das Institut der deutschen Wirtschaft berichtet auch, dass sich an den Beschluss der Vereinten Nationen der sechziger Jahre, dass jedes Land 0,7% des jährlichen Bruttosozialprodukts für Entwicklungshilfe ausgeben sollte, lediglich die skandinavischen und die Beneluxländer (ohne Belgien) halten. Die großen Industrieländer haben z. B. im Jahr 2003 beschämend wenig für die Armut in den Entwicklungsländern ausgegeben. Von einer gleichmäßigen Verteilung der Vorteile der Globalisierung kann also keine Rede sein, auch wenn die asiatischen Schwellenländer in der Zeit nach 1980 hohe Wachstumsraten erzielten und damit den Durchschnitt des Wachstums aller Entwicklungsländer auf jährlich 5% nach oben zogen, während die Industrieländer im gleichen Zeitraum auf 2% kamen. Die Weltbank gibt an, dass trotz des immensen Bevölkerungswachstums in den armen Ländern zwischen 1980 und 2000 um 43% auf fünf Mrd. Menschen, der Anteil der Ärmsten der Armen, die von einem

---

[43] vgl. o. Verf.: Strukturelle Gewalt in den Nord-Süd-Beziehungen, in: Südwindedition (Hrsg.): Wer bestimmt den Kurs der Globalisierung, die Rolle der Welthandelsorganisation, Siegburg 2003, o. S. arch.

Kaufkraftdollar pro Tag leben müssen, von 40% auf 21% der Weltbevölkerung gesunken ist. [44]

Ein anderes Bild zeigt allerdings die Verteilung auf die einzelnen Regionen weltweit. Während in Asien die beiden untersuchten Indikatoren im Zeitraum 1980-2001 eine sehr günstige Entwicklung zeigen, verzeichnet Lateinamerika eine fast stagnierende Situation. In Afrika und im Nahen Osten sowie in Osteuropa und Zentralasien ist die Not gewachsen. Diese Daten deuten darauf hin, dass einzig Wachstum die betroffenen Länder aus der Armutsfalle herausholen kann. Dazu bedarf es aber einer Infrastruktur, aufgrund derer überhaupt Ansätze für arbeitsteiliges Wirtschaften entstehen können. Kuba und Nordkorea z. B. schotten sich aufgrund ihrer politischen Systeme ab und die Bevölkerung vegetiert unter armseligen Bedingungen. In Nordkorea wird sie von wiederkehrenden Hungersnöten bedroht. In Kuba fallen die Häuser der Gründerzeit zusammen, und die Menschen in den Städten haben keine Dächer mehr über dem Kopf, wie Reportagen im ARD, ZDF und im österreichischen Fernsehen in Dokumentarfilmen zeigten. Eine Verwaltung, auf Grund derer Wirtschaften möglich ist. Korruption ist gerade in den ärmsten Ländern stark verbreitet, und die politischen Verhältnisse sind instabil, bzw. krisen- oder kriegsgeschüttelt. Kapital pflegt nach solchen Ländern nicht zu fließen. Gerade private Investoren benötigen stabile Verhältnisse in einem Land. Dies zeigt sich auch in Abbildung 9. Der Zufluss an privatem Kapital in den Jahren 1995-2001 lässt hoffen, dass sich die Verhältnisse in Lateinamerika zum Guten wenden, wie sie sich im pazifischen Raum schon in den letzten Jahrzehnten und in China in den letzten Jah-

---

[44] vgl. Institut der deutschen Wirtschaft: Streitfall Globalisierung, 2. aktualisierte Auflage, Deutscher Institutsverlag, Köln 2005, S. 13.

ren stark verbessert haben. Aber es wird deutlich, dass niemand in den Substandardgebieten investieren will.

Die Macht der Finanzmärkte

Wie aufgezeigt, analysieren Investoren die Fundamentaldaten der Märkte bzw. Volkswirtschaften, in denen sie sich engagieren. Solche Daten sind z.b. Wirtschaftswachstum, Leistungs- und Handelsbilanz, Inflationsrate, öffentliche Finanzpolitik und politische Stabilität. Wenn sich die wirtschaftliche Infrastruktur verschlechtert, sucht sich das Kapital einen neuen Standort. Auf größeren offenen Märkten wird viel Kapital bewegt und ungeheure Geldsummen fließen durch die internationalen Finanzplätze. Durch Informationstechnologie hat das Bankwesen seine Effizienz so gesteigert, dass täglich fast zwei Billionen Dollar und um den Globus transferiert werden. Das Institut der deutschen Wirtschaft untersuchte die Kapitalbewegungen auf dem internationalen Devisenmarkt. Im Jahr 2004 wurden Währungen im Umfang von 470.000 Mrd. US $ umgesetzt, etwa dreimal soviel wie im Jahr 1989. [45]

Noch eindrucksvoller ist jedoch die Relation dieser Summe zu den globalen Exporten an Waren und Dienstleistungen. Auf dem Devisenmarkt wurde der 50-fache Betrag gegenüber den Exportmärkten gehandelt. Es handelt sich um eine Inflation der Kapitalströme gegen-über der von Gütern getragenen Wirtschaft. Diese Entkoppelung von Waren- und Kapitalbewegungen gibt Anlass zur Kritik am Globalisierungsprozess. Joseph Stiglitz, der frühere Chefvolkswirt der Weltbank, sieht in einer übereilten und verfehlten Deregulierung der internationalen Finanzmärkte einen wesentlichen Grund für die Asienkrise sowie die Wirtschaftsverwerfun-

---

[45] vgl. Institut der deutschen Wirtschaft: Streitfall Globalisierung, 2. aktualisierte Auflage, Deutscher Institutsverlag, Köln 2005, S. 5

gen weiterer Länder wie Mexiko, Brasilien, Argentinien und Russland Ende der neunziger Jahre. Zunächst fielen die Aktienkurse, dann die Devisenkurse der jeweiligen Währungen. Danach kam es zu Banken- und Unternehmenszusammenbrüchen. Die Folgen für die Bevölkerung waren dramatisch. Wären die Kapitalmärkte nicht bereits so stark in die globalen Märkte eingebunden gewesen, wären diese Krisen weniger ausgeprägt ausgefallen, da das internationale Kapital sich sofort zurückzog. Joseph Stiglitz kommentierte diese Entwicklung folgendermaßen: „Das Ziel hätte nicht Deregulierung sein sollen, sondern man hätte zunächst den richtigen regulatorischen Rahmen aufbauen sollen."[46]

Die Deregulierung hat dazu geführt, dass die Kapitalmärkte sehr rasch und sehr stark reagieren, was die Volkswirtschaften weltweit einem höheren Risiko aussetzt und die Nationalstaaten zwingt, eine solide Wirtschaftspolitik zu betreiben. Man hat dieses Problem allerdings erkannt und neue Regeln für die Disziplinierung der Finanzmärkte aufgestellt:

→ strenge Auflagen für Bankgeschäfte,
→ Desavouierung der Insidergeschäfte,
→ Minimalstandards bei der Finanzmarktaufsicht,
→ Harmonisierung von Sicherheitsstandards,
→ Gesetze gegen die Geldwäsche u.a.m.

wurden eingeführt, die Börsen -und Bankenaufsicht wird weltweit verbessert, auf die Corporate Gouvernance in größerem Maße geachtet. Sicher ist hier noch viel zu ändern, um die Globalisierung gerechter zu

---

[46] vgl. Stiglitz, Joseph: Und das nennt ihr einen Erfolg, in: Die Zeit, Nr. 43, 18.10.2001, o. S. arch.

gestalten und die Leitungs- und Aufsichtsstrukturen weltweit auf eine ethische Basis zu stellen. [47]

Der Wirtschaftsstandort Deutschland

Die öffentliche Diskussion in Deutschland befasst sich intensiv mit der Wettbewerbsfähigkeit des Standortes Deutschland, da Firmen und Arbeitsplätze in großer Zahl ins Ausland verlagert werden. Der deutsche Industrie- und Handelskammertag führte zu Beginn des Jahres 2003 eine Befragung bei beinahe 10.000 Unternehmen durch. Hierbei wurde deutlich, dass zu diesem Zeitpunkt ca. jedes vierte Industrieunternehmen in einem Zeitraum von drei Jahren Betriebsteile, wie z. B. lohnintensive Fertigung, Verwaltung, Forschung und Entwicklung, aber auch die Unternehmensführung ins Ausland verlagern wollte. Auch jedes sechste mittelständische Industrieunternehmen war mit dieser Frage befasst. Die Hauptursache für die Standortverlagerung wurde in den nicht zufrieden stellenden Rahmenbedingungen gesehen. Etwa die Hälfte (45%) der Unternehmen könnten die hohen Arbeitskosten nicht mehr verkraften, ohne die Zukunft des Unternehmens ernsthaft zu gefährden. 32 % hielten den Steuer- und Bürokratieaufwand für bedenklich.

„Vor allem die Textilbranche zog es ins Ausland. Jedes zweite Unternehmen berichtete hier von entsprechenden Überlegungen – unter den Elektrogeräteherstellern waren es vier von zehn, im Kraftfahrzeugbau gut eines der Befragten und mehr als 25 Prozent bei den Maschinenbauern. Zielregionen waren die Staaten der Europäischen Union und die

---

[47] vgl. Stiglitz, Joseph: Im Schatten der Globalisierung, Siedler Verlag, Berlin 2002, S. 260 ff.

künftigen Mitgliedstaaten in Mittel- und Osteuropa. Aber auch das Interesse an Asien wurde häufiger genannt." [48]

Im Jahr 2003 waren viele deutsche Firmen mit ihren Standorten in den Vereinigten Staaten oder Kanada vertreten, um einen Zugang zum Dollarraum zu haben. Aber auch im europäischen Ausland sind die deutschen Unternehmer gut positioniert. Die Situation hat sich bis heute nicht verändert. Nach Angaben der Lincoln International AG kaufen deutsche Unternehmen weltweit häufiger, um sich im Ausland besser zu positionieren. Da die deutsche Wirtschaft mittelständisch ausgerichtet ist, steigt das Interesse, im Ausland zu kaufen, auch bei diesen Unternehmen. In diesem Bereich nimmt die Zahl der Übernahmen zu, was durch die großen Deals wie denjenigen von BASF, Linde, Eon oder der Deutschen Börse in der Öffentlichkeit verdeckt wird. Der Übernahme-Spezialist Lincoln macht die Globalisierung und den Strukturwandel für die Kauflust verantwortlich. Die Vereinigten Staaten sind das wichtigste Zielland für den deutschen Mittelstand und auch die großen Firmen. Etwa hundert Deals werden jährlich zwischen Deutschland und den USA abgewickelt. „Auf der Länder-Hitliste folgen danach Großbritannien, Frankreich, die Schweiz und Österreich." [49]

Internationaler Vergleich der Wettbewerbsfähigkeit

Die Frage nach der internationalen Wettbewerbsfähigkeit eines Landes ist in der öffentlichen Diskussion ebenso fest verankert wie die Diskussion über die Auslandsverlagerung von Arbeitsplätzen. Seit 2003 ist Deutschland bereits im dritten Jahr Exportweltmeister, wie der Sachver-

---

[48] vgl. Deutscher Industrie- und Handelstag: Standortbefragung 2003, in: FAZ, 27.05.2003, S. 11

[49] vgl. ohne Verf.: Mittelstand auf Einkaufstour, in: Süddeutsche Zeitung, Nr. 191, 9.7.2006, S. 21.

ständigenrat in seinen jährlichen Gutachten feststellt. Dabei wird die Ausfuhr eines Landes an den Weltexporten von Waren berücksichtigt. Die makroökonomische Theorie sieht die gesamtwirtschaftlichen Zusammenhänge der internationalen Wettbewerbsfähigkeit nicht nur in Form von Warenexporten sondern untersucht auch andere gesamtwirtschaftliche Interdependenzen. Es lassen sich, so der Sachverständigenrat, drei Konzepte für den Begriff „internationale Wettbewerbsfähigkeit" unterscheiden. Das erste Konzept bezieht sich auf Unternehmen und nicht auf Volkswirtschaften. Populärwissenschaftlich lässt sich dies mit der Tatsache begründen, dass Unternehmen, aus welchen Gründen auch immer, den Markt verlassen können, Volkswirtschaften aber nicht. „Die klassische Theorie des internationalen Güteraustausches begründet die Vorteile des freien Handels damit, dass durch ihn komparative Kostenvorteile für die beteiligten Länder entstehen." [50] Der Begriff der komparativen Kosten besagt, die Produktionskosten eine Gutes A werden im Verhältnis zu denjenigen eines Gutes B ausgedrückt. So lassen sich für alle Güter vergleichsweise Kosten bilden. Sind diese Kostenverhältnisse bei gleichen Gütern in verschiedenen Ländern unterschiedlich, ist freier Handel zwischen diesen Ländern lohnend. [51]

Ein weiteres Konzept für die internationale Wettbewerbsfähigkeit befasst sich mit der Möglichkeit eines Landes, Waren im Ausland im Rahmen der internationalen Konkurrenz abzusetzen. „Hierbei wird betont, dass die für den Außenhandel relevanten absoluten Preisvorteile nicht nur von unternehmensspezifischen, sondern auch von gesamtwirtschaftlichen Größen determiniert werden. Ob ein Unternehmen sein Produkt im inter-

---

[50] eingeführt wurde dieser Begriff von David Ricardo, einem klassischen englischen Nationalökonomen (1772 – 1823)

[51] vgl. Dr. Gabler´s Wirtschaftslexikon, Band 1, 9. neubearbeitete Auflage, Betriebswirtschaftlicher Verlag Dr. Gabler, Wiesbaden 1975, Spalte 2420

nationalen Wettbewerb absetzen kann, ob also aus komparativen Kostenvorteilen absolute Preisvorteile werden, bestimmt sich zum einen durch dessen eigene Produktivität, aber auch durch die Arbeitskosten und durch den nominalen Wechselkurs. Insofern wird die preisliche Wettbewerbsfähigkeit eines individuellen Unternehmens durch ein Bündel von betrieblichen, sektoralen und gesamtwirtschaftlichen Preis -und Kostenfaktoren beeinflusst." [52]

Das dritte Konzept ist völlig gesamtwirtschaftlich ausgerichtet, da es davon ausgeht, dass die allgemeinen Rahmenbedingungen einer Volkswirtschaft die Entwicklung der Produktivität in diesem Lande und damit auch die preisbedingte Wettbewerbsfähigkeit beeinflussen. Solche Rahmenbedingungen werden durch die Infrastruktur, das Steuersystem, die Qualität der Bildung und Ausbildung geschaffen und können damit Anreize für Investitionen und Innovationen bilden. Dieses Konzept wird also mit der Fähigkeit zur hohen nachhaltigen Einkommenserziehung, gemessen am Bruttoinlandsprodukt je Einwohner und der Arbeitslosenrate, gleichgesetzt. [53]

Internationale Vergleiche der Wettbewerbsfähigkeit fällen in den letzten Jahren keine positiven Urteile über die internationale Wettbewerbsfähigkeit Deutschlands. Es handelt sich um Indikatorenansätze, die makroökonomische Ansatzpunkte wählen, wobei darauf hinzuweisen ist, dass eine Indikatorwahl niemals ganz objektiv und wertfrei getroffen werden kann. Dieses Manko kann allerdings durch eine breite Basis von Indikatoren minimiert werden. Einen solchen Ansatz repräsentiert das World

---

[52] vgl. Sachverständigenrat zur Begutachtung der gesamtwirtschaftlichen Entwicklung: Jahresgutach ten 2004/2005, Bundestagsdrucksache 15/4300/November 2004, S. 350 f.

[53] vgl. Sachverständigenrat zur Begutachtung der gesamtwirtschaftlichen Entwicklung: Jahresgutach ten 2004/2005, Bundestagsdrucksache 15/4300, November 2004, S. 352.

Economic Forum jährlich mit seinem Global Competitiveness Report, in dem eine große Zahl mikroökonomischer und makroökonomischer Indikatoren von 80 Volkswirtschaften mit unterschiedlichem Entwicklungsstand untersucht werden. [54]

Öffentlich erhobene Daten werden mit einer jährlich von dem Weltwirtschaftsforum durchgeführten Meinungsumfrage bei den wichtigsten im jeweiligen Land tätigen Unternehmen kombiniert. Durchschnittlich beläuft sich die Anzahl der befragten Unternehmen auf 60. Die Befragungsergebnisse werden zusammen mit anderen Informationen in eine Rangordnung gebracht. Ein hoher Prozentsatz dieser Merkmale wird zu zwei Sammelindices zusammengefasst, die, die Wettbewerbsvor- und -nachteile der untersuchten Länder darstellen sollen. Für Deutschland ergibt sich ein Stärken- und Schwächenprofil. Auf der positiven Seite ist die internationale Präsenz, die Infrastruktur und die Qualität der Erzeugnisse hervorzuheben. Auf der Schwächenseite rangiert Deutschland, begründet durch die mangelnde Flexibilität des Arbeitsmarktes und die Überbürokratisierung des Marktzutritts für Unternehmen und das katastrophale Steuersystem, als Schlusslicht hinter Staaten wie Kolumbien, Haiti oder die Ukraine. Hinzuweisen ist auch auf die Pisastudien, die in den letzten Jahren die Schwächen des deutschen Bildungssystems hervorheben, was sich für die internationale Wettbewerbsfähigkeit in der Zukunft ausgesprochen negativ auswirken kann. Auch die Arbeitskosten der verarbeitenden Industrie sind im internationalen Vergleich der Industrieländer die höchsten, da die durchschnittlichen Stundenlöhne in Westdeutschland zusammen mit Norwegen und den Vereinigten Staaten an der Spitze liegen und die Lohnnebenkosten mit 11,7 Euro die Spitze im Länder-

---

[54] vgl. Fendel, Ralf, Frenkel, Michael: Deutschlands Abschneiden im global competitive Report 2002 – 2003, Wirtschaftsdienst, Januar 2003, S. 30 – 35.

vergleich einnehmen. Die Frage der Lohnkosten berührt deshalb die Standortfrage. Deutschland muss im internationalen Wettbewerb die Lohnkosten senken. Als einen Bestimmungsfaktor der Wettbewerbsfähigkeit in der Standortdiskussion lässt sich der Saldo zwischen ausländischen Direktinvestitionen in Deutschland und deutschen Direktinvestitionen im Ausland interpretieren. Dieser Saldo hat sich von 1980 – 1998 stetig abgeschwächt, wobei allerdings in den Jahren 1998 und 1999 Großfusionen den Wert nach unten und im Jahr 2000 (eine einzige Transaktion Vodafon) nach oben verzerren. Im Jahr 2002 und 2003 sind die deutschen Direktinvestitionen aufgrund der geringen Investitionsneigung stark zurückgegangen, was zu einer Erhöhung des Saldos führt. [55]

Strukturelle Arbeitslosigkeit und ihre Auswirkungen

Je mehr sich der Strukturwandel der Wirtschaft beschleunigt, desto geringer werden die Chancen von Arbeitnehmerinnen und Arbeitnehmer mit einfacher Qualifikation, eine Beschäftigung zu finden. Der Trend zu wachsender struktureller Arbeitslosigkeit zeigt sich in der hohen Zahl von Langzeitarbeitslosen und dem hohen Anteil von Personen ohne formale Berufsqualifikation unter den Arbeitssuchenden. Insgesamt waren danach im September 2000 in Deutschland 60 Prozent der Arbeitslosen langzeitarbeitslos und ohne formale Berufsqualifikation. Die spezifische Arbeitslosenquote Geringqualifizierter liegt nicht nur ständig höher als die allgemeine Arbeitslosenquote, sondern sie ist in den letzten 25 Jahren auch durchweg stärker gestiegen. Umstritten ist, ob die strukturelle Arbeitslosigkeit als Hauptursache der hohen Arbeitslosenzahlen in Deutschland zu betrachten ist. Diese These wird z. B. in der Studie des

---

[55] vgl. Sachverständigenrat zur Begutachtung der gesamtwirtschaftlichen Entwicklung: Jahresgutachten 2004/2005, Bundestagsdrucksache 15/4300, November 2004, S. 365.

Kieler Institut für Weltwirtschaft vertreten. Danach ist die ungünstige Beschäftigungsentwicklung auf den Strukturwandel bzw. auf die mangelnde Flexibilität des Arbeitsmarktes, auf diesen Strukturwandel zu reagieren, zurückzuführen. Dies schließen die Autoren aus der empirisch feststellbaren Korrelation zwischen der Dauer der Arbeitslosigkeit und dem Qualifikationsniveau der Arbeitslosen. Dabei sehen sie die Dauer der Arbeitslosigkeit als Indikator für die strukturelle Arbeitslosigkeit an. Im Kern läuft diese Argumentation also darauf hinaus, aus der Existenz von struktureller Arbeitslosigkeit auf Rigiditäten, z.B. eine fehlende Lohnspreizung nach unten, zu schließen, die den marktwirtschaftlichen Allokationsmechanismus stören und dadurch die Arbeitslosigkeit verursacht haben. [56]

„Genau dieser Schluss stellt aber eine problematische Verkürzung dar. Die statistische Korrelation von Arbeitslosigkeit und Geringqualifikation muss nicht zwingend im Sinne der Kausalität interpretiert werden. Es könnte vielmehr auch sein, dass die Arbeitslosigkeit durch makroökonomische Störungen, wie z.B. durch eine strukturell zu gering wachsende Binnennachfrage oder durch die Zunahme des Angebots an Arbeitskräften und durch Produktivitätssteigerungen ohne entsprechende Arbeitszeitverkürzungen bzw. Lohnsteigerungen verursacht worden ist und lediglich die Geringqualifizierten davon besonders betroffen sind. Denn jede Arbeitslosigkeit äußert sich strukturell differenziert, weil sowohl bei Entlassungen als auch bei Wiedereinstellungen ein Selektionsprozess zu Lasten der geringer qualifizierten und leistungsschwächeren Arbeitnehmerinnen und Arbeitnehmer stattfindet. In diesem Sinne argumentiert auch ein Gutachten des Instituts für Arbeitsmarkt- und Berufsforschung, das darauf hinweist, dass viele Einfacharbeitsplätze in Abhängigkeit von der generellen Arbeitsmarktlage von Qualifizierten besetzt werden, die

---

[56] vgl. Kleinert, Jörn/Klodt, Henning: Megafusion, WiSt 10, 2001, S. 523 ff.

dann für Arbeitnehmerinnen und Arbeitnehmer ohne formale Berufsqualifikation verschlossen sind. In der Arbeitslosigkeit von Geringqualifizierten
äußert sich demzufolge ein Verdrängungswettbewerb, der Ausdruck des
generellen Arbeitsplatzdefizits bzw. Arbeitskräfteüberschusses ist. Sollte
dies zutreffen, dann hätte dies wichtige arbeitsmarktpolitische Konsequenzen. Dann könnte nämlich die Arbeitslosigkeit Geringqualifizierter
nicht allein mit arbeitsmarktpolitischen Instrumenten verringert werden
sondern insbesondere durch ein stärker binnenmarktorientiertes und
nachhaltiges Wachstum sowie einen generellen Beschäftigungsaufbau.
Dies würde sich dann auch unmittelbar zu Gunsten von Geringqualifizierten auswirken." [57]

Wesentlich sind auch Bildungsmaßnahmen, um jüngere Menschen ohne
Ausbildung besser zu positionieren. Die Verschärfung der sozialen Situation innerhalb Deutschlands ist tagtäglich spürbar. Ärztestreiks weiten
sich aus, die Klagenflut von Versicherungsnehmern gegenüber den
Krankenkassen wächst. Schulen haben ein zu niedriges Bildungsniveau,
Universitäten werden zu Auffangbecken für Arbeitslose degradiert. „Wie
in anderen Staaten Europas, sind auch in Deutschland die Politiker dabei, das System der sozialen Sicherung grundlegend zu verändern.
Nachdem die SPD-Spitze mit den Ergebnissen der «Rürup-Kommis-
sion», der Agenda 2010 des Bundeskanzlers Schröder und den Überlegungen des SPD-Generalsekretärs Scholz zu einem neuen Begriffsinhalt
von «sozialer Gerechtigkeit» das bisherige System der sozialen Sicherung in Deutschland in Frage gestellt hat, hat nun auch die CDU mit einer Grundsatzrede der Bundeskanzlerin Merkel am 2. Oktober letzten
Jahres (Quo vadis Deutschland?) und dem Bericht einer Kommission um

---

[57] vgl. http://www.bundestag.de/gremien/welt/glob_end/4_3_5.html
Solidargemeinschaft aller Arbeitnehmer und Arbeitgeber und des Generationenvertrages.

den ehemaligen Bundespräsidenten Herzog (Herzog-Kommission) nach-
gezogen. Das deutsche Sozialsystem hatte in seinen Grundzügen und
Weiterentwicklungen mehr als 100 Jahre und auch über zwei Weltkriege
hinweg Bestand und Erfolg. Es bedarf einer genauen Prüfung der neuen
Vorschläge. Das bisherige System beruht im wesentlichen auf den Prin-
zipien der Solidargemeinschaft aller Arbeitnehmer und Arbeitgeber und
des Generationenvertrages. [58]

Auch hier stellt sich im internationalen Wettbewerb die Standortfrage.
Deshalb kommt bei den Sozialreformen der „Washington Consensus"
von IWF und Weltbank zum Tragen: Senkung der öffentlichen Ausgaben, weniger Staat und Stärkung der Wirtschaft. Dies beinhaltet allerdings ein Herunterfahren der Sozialkosten. [59]

---

[58] vgl. http://zeit-fragen.ch/ARCHIV/ZF 109d/T04.HTM; Müller, K.: Schwächt die Globalisierung das
deutsche Sozialsystem?, Artikel 4: Zeit-Fragen Nr. 38, 13.10.2003, o. S. arch.

[59] vgl. Müller, K.: Schwächt die Globalisierung das deutsche Sozialsystem? Artikel 4: Zeit-Fragen Nr.
38, 13.10.2003, o. S. arch.

Literaturverzeichnis

Caprio, G. jr. u. a. (Hrsg.): Precenting Bank Crises: Lessons from recent global Failures: Proceedings of a Conference cosponsored by the Federal Reserve Bank of Chicago and the Eco nomic Development Institute of the World Bank, EDI Development Studies, Washington, D.C., 1998

Chang, Ha-Joon: Kicking away the Ladder: Development Strategy in historical Perspective, Anthom Press, London 2002

Deutscher Industrie-und Handelstag: Standortbefragung 2003, in: FAZ, 27.05.2003

Felber, Chr.: 50 Vorschläge für eine gerechtere Welt, Deuticke im Paul Zsolnay Verlag, Wien 2006

Fendel, R., Frenkel, M.: Deutschlands Abschneiden im global competitive Report 2002-2003, Wirtschaftsdienst, Januar 2003

Gabler's Wirtschaftslexikon, Band 1, 9. neubearbeitete Auflage, Betriebswirtschaftlicher Verlag Dr. Gabler, Wiesbaden 1975

Geier, Manfred: Kants Welt, 6. Auflage, Rowohlt, Reinbeck 2004

Giesberg, G.: Marktmacht ruft auf dem Markt immer wieder Gegenmacht hervor, FAZ, 7.7.1998

Gutmann, J.; Kabst, R.: Internationalisierung im Mittelstand, Gabler Verlag, Wiesbaden 2000

Hamer, E u. E. (Hrsg.): Wie kann der Mittelstand die Globalisierung bestehen? Aton Verlag, Unna 2005

Holzbauer, M.: Das Friedensreich, Journal. Ausgabe Nr. 8/03

Institut der deutschen Wirtschaft: Streitfall Globalisierung, 2. aktualisierte Auflage, Deutscher Institutsverlag, Köln 2005

Mankiw, N.: Grundzüge der Volkswirtschaftslehre, 15. Auflage, Wien 1998, S. 138 ff.

Krömmelbein, S.; Schmid, A.: Globalisierung, Vernetzung und Erwerbsarbeit, Deutscher Universitäts-Verlag, München 2000

Mander, J; Goldsmith, E.: Schwarzbuch Globalisierung. Eine fatale Entwicklung mit vielen Verlierern und wenigen Gewinnern, 2. Auflage, Riemann Verlag, München 2002

Müller, K.: Schwächt die Globalisierung das deutsche Sozialsystem? Artikel 4: Zeit-Fragen Nr. 38, 13.10.2003

Potts, L.: Weltmarkt für Arbeitskraft, Globalisierung und Tendenzen der Migrationspolitik, Junius Verlag, Hamburg 1988

Randzio-Plath, Chr.: Frauen und Globalisierung. Zur Geschlechter-Gerechtigkeit in der Dritten Welt, Dietz Verlag, Bonn 2004

Randzio-Plath, Chr.; Rapkay, B.: Neue Herausforderungen für die Fusionskontrolle, in: Wirtschaftsdienst (HWWA) 2/2003

Sachs, W.: Den Fußabdruck der Reichen verkleinern, Krisenenergie, ila 272

Schauf, Malcolin : Unternehmensführung im Mittelstand, München und Mering 2006

Stiglitz, J.: Und das nennt ihr einen Erfolg, in: Die Zeit, Nr. 43, 18.10.2001

Stiglitz, J.: Im Schatten der Globalisierung, Siedler Verlag, Berlin 2002

Stückelberger, Christoph: Ethischer Welthandel, eine Übersicht, Paul Haupt Verlag, Bern-Stuttgart-Wien, 2001, S. 198

Tänzer, Uwe u. a.: Unternehmen in Globalisierungsprozess, Ernst Klett, Leipzig 2005

Weber, Max: Die protestantische Ethik. Eine Aufsatzsammlung, Mohn, Gütersloh 1991

Weizäcker, v. Carl Chr.: Keine Angst vor Fusionen, in: FAZ, 24.4.1999

Der Autor

Bernd Staudte ist Jahrgang 1944 und mehrfacher Buchautor. In seiner aktiven Zeit als Diplom-Ingenieur war er als überdurchschnittlicher Know-How-Entwickler bei CARL ZEISS Jena und KRONE AG Berlin bekannt. Zuletzt leitete er ein Solarprojekt in Berlin-Charlottenburg, dass die Anwendung von Solarenergie und Fotovoltaik auf öffentlichen Gebäuden, im besonderen im Stadtbezirk Spandau zum Ziel hatte. Als Pensionär und Freier Journalist ist er schriftstellerisch tätig und widmet seine Publikationen den gesellschaftlich wichtigsten Disziplinen, wie der Umweltproblematik, der Sozialethik, der Religionsphilosophie, den vedischen Lebenslehren und den Ergebnissen der Globalisierung für die Menschheit. Er lebt in Schweinfurt. Seine Website:
www.repage8.de/member/bookwriter